INSTRUCTIONS THÉORIQUES ET PRATIQUES SUR L'ACCORD DU PIANO-FORTE.

Ouvrage qui apprend en très-peu de temps aux personnes les moins exercées, à accorder parfaitement cet instrument.

PAR ALEXANDRE LOÜET.

A PARIS,

Chez { Le Duc, Md. de Musique et d'instrumens, rue Neuve-des-Petits-Champs, vis-à-vis la Trésorerie; et rue du Roule, No 290, à la Croix d'or; L'Auteur, rue Honoré, No. 1513; Les Marchands de Nouveautés.

De l'Imprimerie de BERTRAND-QUINQUET, rue Germain-l'Auxerrois, No. 53.

Loüet

AN V (1797).

AVANT-PROPOS.

Le Piano-forte est, de tous les instrumens de musique en usage dans la société, le plus difficile à accorder : c'est donc celui à l'étude duquel il importe sur-tout de joindre les connoissances et la pratique nécessaire pour pouvoir, au besoin, le mettre d'accord soi-même; car, on peut dire à ce sujet, que l'utilité est en raison de la difficulté de la chose; mille circonstances pouvant vous priver des secours d'autrui, il est évident que, si vous ne vous êtes mis en état d'y suppléer par vous-même, vous êtes exposé à ne pouvoir rectifier de long-temps la discordance de votre piano. Continuez-vous de vous en servir, nonobstant ce désagrément, un pareil exercice ne rendra pas l'oreille juste. Si on s'accompagne, c'est encore pire; on est à tout moment exposé à chanter faux, et on en prend nécessairement l'habitude.

Malgré ces inconvéniens, très-peu d'amateurs de Piano-forte se sont jusqu'à présent procuré le talent de savoir l'accorder. Le défaut d'ouvrages suffisamment instructifs sur cet objet, en est sans doute la principale cause. J'ai pensé que les personnes qui cultivent cet instrument, seroient bien aises de trouver une méthode propre à leur donner les idées les plus claires des procédés qui tendent à le bien mettre d'accord.

Je publie donc celle-ci avec d'autant plus de confiance, qu'il n'en existe aucune qui renferme les détails nécessaires à cet enseignement; on les trouvera très-exactement décrits dans cet ouvrage, que je rendrai aussi complet que l'expérience que j'ai acquise peut me le faire espérer. Les moyens que j'y indique pour la pratique, sont principalement convenables au Piano-forte ordinaire et à deux cordes, comme étant le plus usité des instrumens à touche. Mais je donnerai des explications suffisantes pour qu'on puisse appliquer aussi ma méthode aux différentes modifications de ces instrumens.

Si mes lecteurs étoient tentés de blâmer dans ce traité quelques détails un peu minutieux, je les prie d'observer que j'écris principalement pour l'instruction des personnes qui n'ont aucune notion de ces mêmes détails, et que l'expérience apprend qu'on ne peut trop clairement expliquer aux commençans les choses même qui paroissent les plus simples à ceux qui les savent.

INSTRUCTIONS THEORIQUES ET PRATIQUES SUR L'ACCORD DU PIANO-FORTE.

CHAPITRE PREMIER.

Des signes appliqués sur la table d'harmonie, et de leurs rapports avec les chevilles et les touches.

Un des premiers embarras qu'éprouve une personne qui n'a jamais accordé de piano-forte, et qui veut entreprendre d'en venir à bout, est de trouver parmi les chevilles auxquelles sont attachées les cordes de cet instrument, celles qui correspondent à la touche qui a besoin d'être accordée.

Pour faire disparoître cette difficulté, on observera, 1°. que les chevilles sont alignées, à l'extrémité droite de la table d'harmonie, de deux manières, l'une horisontale et l'autre perpendiculaire ; que, dans l'alignement horisontal, ces chevilles sont rangées de quatre en quatre, en sens un peu oblique, et de manière que la cheville qui est au dernier rang, à droite, par exemple, correspond à une corde plus haute que sa voisine, qui est immédiatement à sa gauche; il en est ainsi dans toutes les rangées. Voyez fig. première.

On observera, 2°. que pour chaque touche il y a deux cordes, par conséquent deux chevilles; et que les deux cordes devant être à l'unisson, chaque rangée horisontale de quatre chevilles doit répondre à deux touches; de manière qu'il suffit de marquer la moitié des chevilles pour les désigner toutes.

On appercevra 3°. que les signes qui sont posés à côté de chaque couple de chevilles, pour les distinguer, ne sont autre chose que les lettres initiales de l'ancien nom des notes de la gamme, ce qui indique que ces cordes appartiennent à la touche qui porte le nom de cette même note : ainsi le signe F, par exemple, venant de l'ancien nom de la note *fa*, F *ut fa*, répond sur le clavier à la touche qui fait raisonner le ton *fa*.

Parcourant donc tous ces signes.

F, venant . d'*F*, *ut fa*, répond à la touche *fa*.
E, ... d'*E si mi*, ... à . . . . . . *mi*.
D, ... de *D la*, *ré*, . . . à . . . . . . *ré*.
C, ... de *C sol*, *ut*, . . . à . . . . . . *ut*.
B, ... de *B fa*, *si*, . . . à . . . . . . *si*.
A, ... d'*A mi*, *la*, ... à . . . . . . *la*.
G, ... de *G ré*, *sol*, ... à . . . . *sol*.

Et pour les sons intermédiaires :

D. ✻ ou *dé la ré* dieze, répond à . . . .
la touche *ré* ✻ qui est aussi la touche *mi*. ♭
C. ✻ à celle *ut* ✻ . . . . ou . . . . . *ré* ♭
A. ✻ à celle *la* ✻ . . . . ou . . . . . *si* ♭
G. ✻ à celle *sol*. ✻ . . . . . . ou . . . . . *la* ♭
F. ✻ à celle *fa*. ✻ . . . . ou . . . . . *sol* ♭

On remarquera enfin, que, par l'effet naturel de la position alignée de ces signes, ainsi que par leur retour suscessif d'octave en octave, les mêmes signes se présentent toujours sur le même alignement perpendiculaire; c'est-à-dire, que si un E [*mi*] par exemple, est marqué en avant des deux chevilles qui bordent la partie gauche de la rangée des 4, tous les autres *mi* ou E seront également dans cette même position, c'est-à-dire, en avant des deux chevilles qui bordent la partie gauche de la rangée des 4. Pareillement, si un F [*fa*] est en avant des deux chevilles qui forment la partie droite de la rangée des 4; toutes les marques semblables F ou *fa*, seront en même position sur la ligne perpendiculaire de cet alignement. Voyez fig. 2, et les points correspondans [1 et 1] [2 et 2] [3 et 3] [4 et 4]. Or, d'après les explications précédentes, il est bien facile de distinguer à quelle touche du clavier répond telle ou telle cheville, et réciproquement.

Car, 1°. s'il est question de découvrir quelle est la touche du clavier qui fait vibrer la corde qui tient à la cheville marquée D. ⋇ (1). Voyez fig. 2 [5]. Pour y parvenir, on se rappellera d'abord que cette touche, à laquelle répond ce signe D. ⋇, doit être un *ré*. ⋇ [ou un *mi* ♭, ce qui est la même chose sur le clavier]; ensuite on remarquera, en parcourant de haut en bas la rangée de chevilles marquées, sur laquelle se trouve celle dont il s'agit, que celle-ci est la seconde, marquée de ce signe D. ⋇; donc, sur le clavier, c'est aussi le 2e. *ré* ⋇ ou *mi* ♭, en descendant, qui répond à cette même cheville et à sa voisine à droite.

---

(1) Ainsi que sa voisine à droite; car j'ai dit qu'elles sont par couple à l'unisson, et que deux appartiennent à la même touche.

2°. Si l'on veut savoir à quelles chevilles répond la la seconde touche *mi*, par exemple, qu'on rencontre en parcourant le clavier de haut en bas, on commencera par chercher, dans l'alignement perpendiculaire des chevilles, sur quelle rangée de gauche ou de droite, sont marqués les E [*E si mi* ou *mi*], et s'arrêtant pareillement au second de ces signes, E, en descendant, on aura les deux chevilles qu'il s'agissoit de trouver. Voyez fig. 2 [6].

Il en seroit de même, si on s'orientoit de bas en haut dans ces recherches, soit sur le clavier, soit sur les signes des chevilles; et ces éclaircissemens doivent suffire pour faire trouver aisément les chevilles et les touches qu'on pourroit avoir besoin de chercher.

CHAPITRE II.

De l'usage du Marteau à accorder, et des moyens d'accorder chaque corde à volonté.

Le rapport qui existe entre les chevilles et les touches étant connu, il s'agit de savoir procéder à l'accord du piano-forte. Il faut d'abord pour cet objet une espèce de petit marteau [Voyez fig. 3.], dont le bout creux [a] est formé de manière à contenir la tête des chevilles, à l'effet de les tourner soit à gauche ou à droite, pour faire baisser ou monter le ton; soit tout-à-fait à gauche, comme si on vouloit les dévisser et en les tirant alors en dehors, perpendiculairement, pour les ôter tout-à-fait de place: opération nécessaire, lorsqu'on veut raccommoder des cordes cassées, ou en rattacher de nouvelles. D'où l'on voit que cette partie creuse du marteau [a], doit être dans de justes proportions avec les chevilles : afin que d'une part elle puisse les retenir suffisamment lorsqu'on veut les enlever, et que de l'autre elle ne s'y attache pas trop, quand on ne veut que les tourner pour l'accord de l'instrument. Les marteaux d'acier fin et poli sont les meilleurs.

Quant à la manière de faire agir le marteau sur les chevilles, pour l'accord du piano, elle ne laisse pas d'exiger un tact délicat, en même-temps qu'un certain degré de force, et indépendamment d'une oreille exercée, il faut encore du soin pour pouvoir parcourir les intervalles presqu'insensibles, par lesquels on arrive à la justesse des différens accords et unissons. Premièrement, il faut, toutes les fois que la position le permet, tâcher de placer la main qui tient le marteau, ainsi que le bras, de telle sorte qu'on puisse peser un peu sur cet outil, en accordant; soit qu'on hausse le ton, soit qu'on le baisse et cela pour ne pas dévisser les chevilles dont l'extrémité qui est dans le bois, est tarodée par un pas de vis très-peu marqué, mais assez sensible pour les retenir. Cette attention de peser sur le marteau, soit qu'on baisse le ton, soit qu'on le hausse, est essentielle, et tous les accordeurs ne l'ont pas; ce qui est souvent cause que tel instrument qui tiendroit bien l'accord, ne le conserve pas du tout. Il faut ensuite arranger les doigts de la main qui tient le marteau, de manière qu'on puisse, d'une part, donner la force nécessaire pour faire tourner les chevilles, et de l'autre, contenir en même-temps cette force, afin qu'elle puisse agir, dans la progression la plus lente, pour pouvoir l'arrêter dès que l'oreille indique la justesse de l'accord ou de l'unisson qu'on cherche. Quant au premier article, on peut souvent appuyer légèrement le bras droit sur le cadre extérieur de l'instrument, et se donner des points d'appui qui facilitent l'opération. Pour le deuxième, il est bon d'observer d'abord, que la tête des chevilles étant de forme aplatie, peut se présenter à l'accordeur de plusieurs manières. Il y a donc diverses positions de main et de doigts, convenables à ces différentes circonstances : quelquefois on rapproche les doigts de l'intérieur de la main, pour mieux serrer le marteau, et afin qu'il ne fasse pour ainsi dire qu'un seul corps avec la main : quelquefois il est à propos de tenir allongés et appuyés sur le manche du marteau le troisième, le quatrième et petit doigt, pour faire un contre-poids utile avec l'action du pouce : mais dans tous les cas, un des côtés du marteau doit être appuyé dans l'intérieur de la main, et toujours le pouce portant sur le côté opposé, doitêtre le régulateur nécessaire pour bien conduire l'accord.

Quant aux usages du marteau, qui se rapportent à d'autres opérations qu'à celle de l'accord, nous en parlerons dans un autre chapitre.

Portant maintenant notre attention sur la position des cordes que les touches font vibrer de deux en deux, on concevra aisément qu'on ne peut les accorder toutes deux en même-temps; d'où il suit qu'il faut, pour en accorder une, étouffer le son de l'autre.

On se sert généralement pour cela d'une carte à jouer pliée en deux, ou d'un morceau de papier un peu fort, plié en quatre; l'une ou l'autre de ces manières est bonne, et il suffit que cet outil, destiné à être interposé entre deux cordes, soit assez épais pour les presser légèrement toutes deux. C'est l'angle de la partie pliée, soit de la carte, soit du papier, qu'on place ainsi, non pas entre les deux cordes du même son sur lequel il y a défaut d'accord à rectifier, car alors vous les étoufferiez toutes deux, mais au-dessus ou au-dessous de ces deux cordes-là, pour qu'il n'y en ait qu'une d'étouffée. Cela étant fait, si vous avez placé l'étouffoir au-dessus de ces deux cordes; la plus basse seule demeurant libre, vibrera par le moyen de la touche, et c'est celle-là que vous pourrez accorder, réciproquement, si l'étouffoir a été posé au-dessous des deux cordes où il faut réparer l'accord, c'est la plus haute qui vibrera alors, et c'est celle qu'il faudra commencer par accorder : ôtant ensuite l'étouffoir dans l'un et l'autre cas, la seconde corde non accordée devient libre et vous l'accordez à l'unisson de celle que vous avez accordée la première (1).

(1) On se sert de ce même étouffoir pour pincer les cordes, à l'effet de reconnoître celles sur lesquelles on veut opérer. On compare alors le son de la corde pincée avec celui qu'on obtient de la touche qu'il sagit d'accorder, et on continue, au besoin, en parcourant les cordes qu'on a lieu de croire voisines de celle qu'on cherche, jusqu'à ce qu'on ait rencontré les sons semblables : avec un peu d'habitude, il ne faut pas beaucoup d'épreuves pour y arriver. On évite par-là le temps et la peine de trouver ces cordes par leur alignement avec leurs chevilles; ce qui abrege et facilite beaucoup.

CHAPITRE III.

Des différens procédés qu'on emploie suivant les circonstances que necessitent l'accord du piano-forte.

On n'accorde point sans objet de comparaison; c'est toujours sur des sons donnés qu'on cherche des unissons ou des intervalles harmoniques : que si j'ai envie de changer le diapazon de mon instrument, alors le point de comparaison se trouve dans ma volonté, et en accordant le premier son *la*, régulateur des autres, je le hausse ou le baisse, suivant les convenances qui me déterminent. Si encore il y a discordance entre deux unissons qui vibrent ensemble par l'effet d'une seule touche, et que je veuille les accorder indistinctement l'un sur l'autre, ce qui peut très-bien se faire sans les séparer, celui que je n'altère pas devient un objet de comparaison sensible, dès que j'ai fait subir le moindre changement à celui sur lequel j'opère.

Cela posé, nous allons d'abord rendre compte de plusieurs circonstances qui donnent lieu à autant de genres d'objets de comparaison pour l'accord partiel du forte-piano : nous les examinerons successivement, et nous indiquerons les procédés qui conviennent à chacune d'elles.

Première circonstance. Si en parcourant le clavier l'on remarque seulement une ou plusieurs touches discordantes, il faut réparer partiellement ce défaut : dans ce cas, il faut d'abord voir si une des deux extrémités du clavier a conservé l'accord mieux que l'autre, afin de prendre pour règle ou pour objet de comparaison, dans le changement à faire subir à la touche défectueuse, l'octave supérieure ou inférieure de cette même touche. Ensuite on examinera en pinçant séparément les deux cordes unissons de cette même touche, avec le petit étouffoir de carte ou de papier dont nous avons parlé ci-dessus, si une de ces cordes ne seroit pas d'accord avec l'octave qu'on se sera décidé à prendre pour modèle : si une des deux est d'accord avec cette octave, on n'aura plus qu'à accorder l'autre à l'unisson. Si aucune des deux n'est d'accord avec l'octave modèle, on placera l'étouffoir pour pouvoir rectifier d'abord une des cordes sur cette octave, et ensuite on accordera l'autre sur la première accordée.

Deuxième circonstance. Si c'est tout un côté du clavier qui est désacordé, le *medium* étant suposé d'accord, ou pouvant le devenir au moyen de la rectification partielle de quelques touches, par le procédé indiqué ci-dessus ; alors, et si ce sont les dessus, par exemple, qui sont en défaut, on commencera à placer l'étouffoir *au-dessus* de *la plus haute* des deux cordes appartenantes à la touche qu'on remarquera être la première où la fausseté soit sensible en parcourant le clavier du *medium* vers le haut. Cela fait, après avoir accordé la plus basse de ces deux cordes, (en prenant pour objet de comparaison l'octave inférieure suposée d'accord), on ôtera l'étouffoir et on le placera de suite à deux cordes au-dessus. Par ce procédé, cet étouffoir se trouvera préparé pour l'accord de la note suivante (1). Pour lors on accordera l'unisson de

---

(1) Remarquez qu'immédiatement avant de changer l'étouffoir de place, il faut d'avance mettre le marteau sur la che-

la première accordée, et ensuite profitant de la place où se trouve l'étouffoir, on accordera la corde* inférieure de la touche voisine en montant, et toujours par le moyen de son octave inférieure ; on procédera successivement sur les autres touches, de même que sur la première, ainsi jusqu'à l'avant-dernière, au haut du clavier.

Lorsqu'on sera arrivé à ce point, on considérera que l'étouffoir ne pourroit être placé tout-à-fait en dehors des cordes, pour étouffer la plus haute. Afin d'y suppléer, on laissera ainsi cet étouffoir placé entre les quatre dernières cordes. Dans cette position, il étouffe la plus basse de la dernière touche, en même-temps que la plus haute de l'avant-dernière ; on accordera donc, sans ôter l'étouffoir de cette place, la plus haute de la dernière touche, et la plus basse de l'avant-dernière, sur leurs octaves inférieures, ôtant ensuite tout-à-fait l'étouffoir, on accordera les unissons de ces cordes, et l'accord de cette partie du clavier sera terminée.

Si c'est la partie basse du clavier qui est défectueuse, le *medium* supposé toujours d'accord, on posera l'étouffoir *au-dessous* de *la plus basse* des deux cordes, répondant à celle des touches de cette partie du clavier, où la discordance commence à se manifester. On accordera sur son octave supérieure la corde la plus haute des deux, restée libre par la position de l'étouffoir ; ensuite, plaçant l'étouffoir à deux cordes au-dessous, et le marteau sur la cheville qui suit en descendant celle qu'on vient d'accorder, on accordera l'unisson de la première corde et tout de suite après on accordera la plus haute des deux cordes de la touche au-dessous. Opérant toujours

ville qui répond à l'unisson que vous allez accorder ; ce qui abrège toujours un peu l'opération, et empêche des méprises, de même jusqu'aux quatre dernières cordes, on agira à l'égard de celles-ci, comme nous l'avons expliqué pour les quatre dernières du dessus ; ce qui terminera l'accord de la partie basse du clavier.

Il est évident que si les dessus et les basses sont discordans, le *medium* étant bon, on y remédiera en faisant successivement usage des deux procédés ci-dessus. Les autres circonstances exigent des explications particulières contenues dans les chapitres suivans, V, VI et VII.

CHAPITRE IV.

Récapitulation des opérations ci-dessus indiquées, et apperçu de quelques précautions à y observer.

Les opérations nécessaires à l'accord des dessus et des basses du piano, dont il vient d'être fait mention, peuvent se présenter sous le résultat suivant.

Pour les dessus.

1ère Opération. Posez l'étouffoir au-dessus des deux cordes dissonantes les moins éloignées du *médium* supposé d'accord.

2eme. Op. Accordez la plus basse par le moyen de son octave inférieure.

3eme. Op. Placez ensuite le marteau sur la cheville voisine en montant.

4eme. Op. Placez l'étouffoir à deux cordes au-dessus.

5eme. Op. Accordez la cheville sur laquelle vous avez placé le marteau (unisson de la première accordée).

6eme. Op. Accordez de suite la cheville voisine en montant (par son octave inférieure).

7eme. Op. Placez le marteau ensuite sur la cheville voisine en montant.

(Cette septième opération répond à la troisième ci-dessus). Continuez dans le même ordre.

Pour les basses.

1ere. Opération. Placez l'étouffoir au-dessous des deux cordes dissonantes les moins éloignées du *medium* supposé d'accord.

2eme. Op. Accordez la plus haute par le moyen de son octave supérieure.

3eme. Op. Placez ensuite le marteau sur la cheville qui suit en descendant.

4eme. Op. Placez l'étouffoir à deux cordes au-dessous.

5eme. Op. Accordez la cheville sur laquelle vous avez placé le marteau (unisson de la première accordée).

6eme. Op. Accordez de suite la cheville voisine en descendant (par son octave supérieure).

7eme. Op. Placez le marteau ensuite sur la cheville voisine en descendant.

(Cette septième opération répond à la troisième ci-dessus). Continuez dans le même ordre.

Observez que l'étouffoir de papier ou de carte se trouve quelquefois trop fort pour les dernières cordes d'en haut ou trop foible pour celles d'en bas, il est bon d'en avoir plusieurs qui obvient à cette difficulté. Il faut encore avoir attention, lorsque vous employez l'étouffoir pour de longues cordes, de le placer contre la partie de ces cordes qui se trouve au-dessus de la table d'harmonie. De plus, il arrive souvent qu'un hazard, dans une veine du bois de cette table, fait rendre à la corde que vous faites vibrer par la touche, quand l'étouffoir est placé au-dessus de la corde voisine,

voisine, un son extraordinaire, une espèce de grincement; en pareil cas on tâche de donner à l'étouffoir une position qui empêche ce mauvais effet. Si cela provient de ce que l'étouffoir touche le bois de la table d'harmonie, on l'élève un peu au-dessus; quelquefois c'est au contraire en l'enfonçant de manière qu'il touche le même bois, qu'on fait disparoître ce mauvais son.

Nous allons donner maintenant un aperçu de quelques autres procédés essentiels à connoître pour la facilité et la perfection de l'accord.

1°. Lorsque vous avez seulement à accorder une des cordes d'une touche à l'unisson de l'autre, vous n'avez, pour cette opération, que cette touche seule à faire mouvoir; alors il faut, après avoir placé le marteau sur la cheville qui est à accorder et avant de le faire agir, il faut, dis-je, faire raisonner cette touche avec une force modérée, et si d'après cette épreuve vous n'apercevez pas distinctement que le son à modifier est plus haut ou plus bas que le modèle, commencez toujours par le baisser jusqu'à ce que vous entendiez clairement qu'il est trop bas: retouchant ensuite la touche et faisant agir le marteau immédiatement après, vous remonterez la corde et vous l'accorderez ainsi sans avoir risqué de la casser. Observez que pour bien accorder vous devez laisser le doigt sur la touche dont vous modifiez le son, après l'avoir touchée: car c'est sur-tout dans la résonnance subséquente de ce son que vous saisirez mieux les nuances qui surviendront par l'action du marteau. Vous devez aussi ne toucher la touche ni trop fort, ni trop fréquemment, mais modérément et par intervalle d'une ou deux secondes; ces intervalles, pendant lesquels vous faites agir le marteau tout doucement, suffisent pour vous faire bien distinguer le point de justesse où vous voulez arriver.

2°. Lorsque vous avez à accorder une touche sur son

octave inférieure ou supérieure, votre point de comparaison est alors cette même octave; pour lors vous avez deux touches à faire mouvoir; savoir, celle de l'octave que vous prenez pour modèle, et celle qui est à rectifier, et dont vous devez en conséquence avoir étouffé une corde. Dans ce cas, le marteau étant placé sur la cheville qu'il faut accorder, touchez d'abord la touche de l'octave modèle, et ensuite touchez l'autre sans ôter le doigt de dessus la première; accordez ensuite conséquemment à ce que votre oreille vous indique, observez pour la force et la fréquence des battemens le même ménagement indiqué à l'article précédent, et pour dernière épreuve touchez les deux octaves ensemble très-doucement; si l'accord est bon vous vous en appercevrez bientôt et vous distinguerez aisément de cette manière un unisson parfait d'avec celui auquel il manqueroit un degré de justesse. Examinez surtout si l'octave que vous prenez pour modèle est bien d'accord elle-même dans ses cordes : la moindre différence suffiroit pour vous empêcher d'opérer avec succès. Si vous y aperceviez une imperfection, il faudroit donc la corriger avant de continuer l'accord (1) entrepris, et vous le reprendrez ensuite avec plus de facilité.

3°. Les mêmes attentions sont nécessaires quand votre point de comparaison est la quinte ou tout autre intervalle, ainsi que nous en indiquerons les occasions dans les chapitres suivans; en général toutes les fois que vous avez à joindre une ou plusieurs touches à celle qui est à accorder, il faut que les cordes des touches modèles soient parfaitement d'accord dans leurs unissons; il faut que le son de ces mêmes

(1) Observez que le mot *accord* n'exprime ici, comme dans presque tout ce traité, que l'action d'accorder et non la réunion de plusieurs intervalles combinés, qui forment ce qu'on appelle dans un autre sens *accord*.

touches modèles soit entendu avant celui de la touche qu'on accorde, et que pendant qu'on éprouve celle-ci on tienne toujours le doigt sur les autres.

4°. Il est encore nécessaire de porter un soin extrême à l'accord des dernières touches des basses dont les sons graves ne se présentent pas toujours d'une manière bien claire; c'est en les touchant tantôt très-doux, tantôt un peu fort, tantôt séparément de la touche modèle, tantôt ensemble. C'est sur-tout en les laissant vibrer long-temps, qu'on peut parvenir à en bien distinguer le son et à les accorder avec justesse.

5°. Quelquefois on ne peut parvenir à accorder très-juste un unisson ou une octave, quelque soin qu'on y apporte; cela peut venir de ce qu'on agit sur quelque corde défectueuse ou fausse.

Il faut examiner d'abord s'il n'y a rien sur la table d'harmonie qui puisse altérer les sons : le moindre corps étranger produit un mauvais effet; il faut ensuite voir si la corde douteuse est bien nette entre ses deux points d'appui. Par exemple, il peut arriver que cette corde ait un excédent de longueur à l'endroit où on la replie sur elle-même pour l'attacher au fichet (1) : en ce cas on coupe cet excédent. Si rien de tout cela n'a lieu, c'est une preuve que la corde est fausse : le seul remède alors est d'en mettre une autre, ou de se contenter provisoirement d'une approximation dans l'accord.

---

(1) Le fichet, autrement dit clou sans tête, ou pointe du sommier, est à l'extrémité opposée à celle par laquelle la corde tient à la cheville : on fait avec le petit crochet adhérant au marteau une espèce de rosette en vis, par le moyen de laquelle on accroche audit fichet la corde qu'on a pliée sur elle-même pour former cette rosette.

CHAPITRE V.

DE L'ACCORD GÉNÉRAL DU PIANO.

Explication du tempérament ou Partition dont il est nécessaire d'user entre les intervalles pour opérer cet accord. Origine de cette partition.

ENFIN, si non-seulement les dessus et les basses de votre piano, mais encore les octaves du milieu du clavier ont besoin qu'on les accorde, il faut former l'accord général de l'instrument. On commence alors par le *medium* du clavier qu'il sagit d'accorder, sans le secours des octaves et en suivant un procédé particulier qui détermine la position de tous les sons dont la musique est composée; mais pour se faire une idée distincte du degré de justesse que ce procédé exige et permet dans l'accord de ces intervalles, il est nécessaire d'avoir préalablement les notions élémentaires dont nous allons parler.

Il faut savoir, 1°. que les onze sons qui séparent un son quelconque de son octave, et qui forment avec ce son et avec cette octave les douze demi-tons dont se compose ce qu'on appelle l'échelle chromatique (1), ne

(1) On appelle ainsi une suite de sons à un demi-ton l'un de l'autre, renfermés entre un son quelconque et son octave, déterminés par les termes de la progression dont il s'agit, et rapprochés par les unissons à leur plus grande proximité.

sont pas ainsi fixés à la suite les uns des autres, d'une manière arbitraire ; mais qu'au contraire il faut, pour la justesse des rapports musicaux, que ces sons soient déterminés par une forme méthodique et bien combinée.

2°. Que le moyen qui, jusqu'à présent, a paru le meilleur pour remplir cet objet, est la formation d'une suite consonnante de sons, du grave à l'aigu ou de l'aigu au grave, dont l'intervalle entre chacun des termes est tel, que par l'espace harmonique qui le mesure, treize termes de cette progression suffisent pour fixer, à l'aide des unissons que donnent les octaves, les onze sons mentionnés ci-dessus, dans leur position la plus rapprochée.

3°. Que ce même intervalle entre chaque terme se trouve alors équivalent à la distance qui renferme sept de ces mêmes sons rapprochés, c'est-à-dire, à sept demi-tons (1).

---

(1) Cette division de sept demi-tons, relativement aux treize termes établis, est en effet la seule par laquelle on puisse parcourir régulièrement et successivement la totalité du cercle chromatique des sons. Car, treize termes, dans une progression, contiennent douze intervalles ; et dans celle dont il s'agit, le son du premier terme étant assimilé ou identique avec celui du dernier, il est évident que la quantité d'intervalles forme précisément celle des sons différens, contenus depuis un son jusqu'à son octave. Il faut donc, pour les parcourir tous harmoniquement, un diviseur (l'unité exceptée) qui soit tel, qu'avant d'être répété douze fois, il ne rencontre aucun multiple de douze. Autrement, ce diviseur ne feroit pas le tour entier dudit cercle. Cela posé, commençons l'épreuve par les nombres les plus rapprochés de 12 ; essayons de séparer par onze demi-tons, par exemple, les termes de la progression. Mais il est évident que ce nombre 11 ne peut convenir, quoiqu'ayant la qualité qu'on vient d'indiquer, car

4°. Que cette distance de sept demi-tons est appelée quinte, parce que, dans la gamme ou échelle diato-

---

il représente un son tellement rapproché du dernier, qu'il n'en est éloigné que de la douzième partie, ou d'un demi-ton. Or, comme par le rapprochement des octaves, le dernier son et le premier ne font qu'un, il suit de là que cet intervalle de onze demi-tons n'est séparé du premier, d'où il part, ainsi que du dernier, vers lequel il se dirige, que d'un seul demi-ton ou d'une unité sur les douze; il est donc dans le cas de l'unité, qui ne peut jamais servir de diviseur. (Cet intervalle répond au demi-ton.)

Vient ensuite le nombre 10, lequel, au sixième terme 10, 20, 30, 40, 50, 60, donne 60, multiple de 12. Il ne pourroit donc servir qu'à parcourir six termes différens. (C'est le ton entier.)

9, Ensuite, a un inconvénient pareil, puisque 9×4=36, multiple de 12. (C'est la sixte majeure, et dans l'ordre renversé, la tierce mineure.)

8, Egalement, donne 8×3=24. (C'est la sixte mineure, et dans l'ordre renversé la tierce majeure.)

Mais 7 ne rencontre avant son douzième terme, 84, aucun autre multiple de 12. Donc, ce nombre 7 convient pour parcourir régulièrement et successivement les douze demi-tons, et c'est l'intervalle de quinte.

Quant aux nombres 6, 4, 3 et 2, ils rencontrent tous des multiples de 12, à des termes très-rapprochés, et répondent, le premier à la fausse quinte, et les trois autres (en sens inverse, c'est-à-dire, au-dessous de la même tonique) aux nombres 8, 9 et 10, dont nous venons de parler.

Il resteroit le nombre 5, qui, ne rencontrant un multiple de 12 qu'à son douzième terme, 60, auroit aussi la qualité requise. Mais si on considère cet intervalle de cinq demi-tons, qui répond à celui de quarte, comparativement à celui de sept

nique (2) (*ut*, *re*, *mi*, *fa*, *sol*, *la*, *si*, *ut*, par exemple), elle sépare exactement la première note *ut* de la cinquième, *sol*, qui suit en montant (3).

---

demi-tons ou de quinte sur deux différentes octaves, et à partir du même point, en mettant l'un au-dessus et l'autre au-dessous, il est aisé de voir que l'un est exactement le complément de l'autre, puisque 7 et 5 font 12, total des sons différens : ils peuvent donc faire octave ensemble. Ainsi, celui exprimé par l'intervalle 5, n'est, pour ainsi dire, que le même qui est exprimé par l'intervalle 7, dans un ordre renversé et à une octave de distance. Donc, ces deux divisions 5 et 7 n'en font vraiment qu'une ; et nous verrons bientôt pourquoi celle par 7 est plus naturelle et doit être préférée.

(2) On peut définir généralement la gamme ; une suite de sons diversement éloignés les uns des autres, fixés entre un son quelconque et son octave, par des convenances, principalement relatives aux cordes harmoniques de ce son, et faisant tous partie des douze sons chromatiquement placés dans la même étendue. Cette suite, en y comprenant le son tonique et son octave, forme une échelle de huit sons, dont le passage successif de l'un à l'autre est doux, est aisé à saisir, et constitue l'ordre ou le genre appelé diatonique. C'est au rapport constant de ces huit sons, quel que soit le point d'où l'on part, qu'on donne le nom de gamme ou d'échelle diatonique.

(3) Ainsi, dans l'arrangement diatonique, *ut*, *re*, *mi*, *fa*, *sol*, *la*, *si*, *ut* ; *ut*, première note, et *sol*, cinquième note en montant, ou *sol* et *ut*, réciproquement en descendant, forment ce qu'on appelle un intervalle de quinte, et sont séparés par sept demi-tons ; tout de même les notes *re* et *la*, *mi* et *si*, *fa* et *ut*, dans la même gamme, sont en pareil rapport ; et il en est ainsi des cinquièmes notes, relativement à leurs premières, dans toutes les gammes entre deux sons, à l'octave l'un de l'autre.

5°. Que cette cinquième note ou quinte dans une gamme (*sol* dans l'exemple ci-dessus) a la propriété de résonner par la seule vibration de la première note ou tonique de cette même gamme (*ut* dans ledit exemple) avec cette seule différence que, dans la résonnance du corps sonore, cette quinte, relativement à sa tonique, se fait entendre une octave plus haut que dans la gamme (1).

6°. Enfin, que la tierce appelée majeure, savoir, *mi* dans l'exemple ci-dessus, et troisième note, relativement au premier son principal ou tonique *ut*, est douée d'une propriété semblable, savoir de résonner et d'être entendue par la vibration seule de sa tonique (2).

Ainsi, la tierce majeure et la quinte sont des intervalles également déterminés par la nature. Ces sons forment, avec leur tonique, un accord consonnant et le plus doux de tous; c'est cet accord qui sert de base à la musique : à raison même du phénomène qui en réunit les trois sons dans la vibration d'un seul, il est appelé accord parfait

---

(1) Ainsi, tout son *ut*, faisant par sa vibration résonner, au-dessus de sa première octave, le son *sol* (et ce phénomène existe toujours, plus ou moins distinctement), si vous descendez ce *sol* par l'accord d'une octave, il devient quinte de ce premier *ut*, et distant de lui de sept demi-tons : d'où l'on conclut que la quinte exacte est un accord donné par la nature, et que sa justesse est déterminée par la vibration du corps sonore.

(2) C'est le second ou le moins sensible des deux sons accessoires de tout corps sonore. On l'entend résonner au-dessus de la seconde octave du son principal, de sorte que, rapproché de celui-ci par les octaves, il en devient la tierce appelée majeure, et distant de la tonique de quatre demi-tons.

majeur ; et le choix que l'on a fait d'un de ses intervalles, pour former la progression qu'il s'agit d'établir, a dû paroître d'autant plus convenable, que la nature elle-même en a fourni l'indication.

Ces propriétés et ces dispositions étant bien connues, on pourra apprécier, d'une manière plus exacte, le procédé de l'accord du piano, ainsi que la loi qui règle et modifie la progression au moyen de laquelle on y parvient.

Cette loi exige qu'après avoir parcouru, en partant d'un ton quelconque, douze intervalles de même nature que celui que nous avons désigné sous le nom de quinte, la progression parvienne à un ton absolument semblable au premier, de manière que le premier terme et le treizième doivent, par le rapprochement des octaves, ne former qu'un seul et même son.

Or, une telle progression ne peut s'effectuer qu'en altérant en moins, sur la distance qui sépare chacun des treize termes, l'intervalle indiqué par la nature ; car, si on donnoit à chacune des quintes la justesse rigoureuse que la nature assigne à cet intervalle, dans la résonnance des corps sonores, on s'éloigneroit toujours plus du premier ton par où on auroit commencé ; et c'est au point, qu'à quelque nombre de termes qu'on portât la progression, jamais on ne retrouveroit, en la suivant, un seul son qui pût s'identifier ou faire octave avec le premier, et par conséquent avec aucun des autres. D'après cela, quoiqu'ils fussent, pour ainsi dire, engendrés l'un par l'autre, chacun d'eux seroit unique en son espèce, et on ne pourroit obtenir de cette série infinie que des multitudes innombrables de sons, tous différens entre eux : disposition évidemment incompatible avec l'ordonnance régulière dont un art a besoin dans ses rapports, et qui a mis dans la nécessité de rechercher les moyens de fixer le nombre des sons qui composent la musique, en renfermant tous ceux d'espèce différente dans les treize termes de la suite finie dont nous venons de parler.

On voit, par cet exposé, que, si l'oreille n'avoit pu admettre aucune altération dans les intervalles harmoniques, l'art de la musique n'auroit pas pu avoir une contexture complète. Mais heureusement il existe, en-deçà et en-delà, et jusqu'à un certain degré d'éloignement du point juste, donné par la nature dans l'intervalle de quinte, une suite continue d'autres points, sur lesquels on peut indistinctement altérer la distance naturelle. Sans que ces nouveaux intervalles, quoique moins exacts, cessent pour cela de présenter à l'oreille l'*effet d'un* intervalle de quinte. Le résultat de cette expérience paroît d'abord extraordinaire; *mais si on* y réfléchit bien, non-seulement on cessera d'en être étonné, mais même on trouvera qu'il est conforme aux lois générales de la physique des sens; et il est de fait que si nos organes, dans les sensations qui les affectent, étoient assujétis à l'exactitude mathématique, notre existence seroit à tout moment troublée par une foule de causes imprévues; on peut donc raisonnablement conclure de cette observation, qu'en musique comme en bien d'autres choses, quoique, d'une part, nous soyons doués d'un tact suffisant pour sentir la perfection là où elle se trouve, de l'autre, cette perfection ne nous est jamais indispensablement nécessaire; et presqu'en tout, un à-peu-près nous suffit.

Je n'en citerai qu'un exemple pour la musique; il n'y a aucun artiste un peu exercé sur le violon qui ne vous dise qu'il place sur deux endroits différens du manche de cet instrument le *mi* ♭ et le *ré* ✕ : ce même artiste va pourtant accompagner une sonate de piano en *mi* ♭, et ensuite une autre en *mi* naturel majeur : il est clair qu'il fait usage de son doiter différent sur le *mi* ♭ et sur le *re*✕, dans les deux sonates, tandis que la personne qui joue du piano, fait ces deux notes avec les mêmes touches. Je félicite celui à qui un instrument, moins dépendant du système musical que le piano-forte, permet, dans quelques occasions, de se rapprocher de l'accord rigoureux de la nature. Mais je le demande à tout musicien de bonne foi, cette dissemblance sur le violon, entre deux sons qui ont resté les mêmes sur le piano-forte, l'a-t-elle choqué dans les deux sonates en question, et l'a-t-elle empêché d'y prendre plaisir, sur-tout si les deux instrumens étoient d'ailleurs bien d'accord, si les sonates étoient agréables, et si elles ont été bien exécutées et bien accompagnées?

Remarquez maintenant que cette latitude, offerte à l'oreille, pour pouvoir modifier en plus ou en moins, et jusqu'à un certain point l'intervalle de quinte, entraîne les mêmes facilités sur d'autres intervalles, comme ceux, par exemple, de quarte, *ut*, *fa*, de tierce, *ut*, *mi*, de sixte, *ut*, *la*, et même sur tous les tons et semi-tons entre eux (1). Car, 1°. supposons la quarte *fa* au-dessus

---

(1) Toutefois, entre des sons homogènes, comme les unissons ou les octaves, le moindre défaut de justesse blesse l'oreille; et cet effet est encore naturel, car, dans le cas dont il s'agit, il n'est pas question d'intervalles formant accord: mais l'objet des unissons et des octaves étant de faire entendre des sons absolument identiques, il est nécessaire qu'ils soient confondus ensemble, pour que ce but soit rempli. Il est d'ailleurs une raison de plus, pour unir très-exactement ces unissons, c'est qu'il importe, dans un système de sons combinés par des altérations artistement distribuées, que les mêmes sons, répétés à leurs octaves, représentent très-fidèlement entre eux les mêmes intervalles, afin que le système adopté soit le même sur tous les points.

de sa tonique *ut* : si vous la placez par le moyen de l'unisson de son octave inférieure au-dessous de cette même tonique, elle formera avec elle une quinte, d'où vous pouvez conclure que tout intervalle de quarte entre deux sons peut devenir intervalle de quinte (et réciproquement), par le seul abaissement de l'un des deux sons sur son octave.

Céla posé, en altérant le sol, par exemple, comme quinte au-dessus de l'*ut*, vous l'avez donc aussi altéré comme quarte au-dessus du même *ut*; ce qui est prouvé par l'octave inférieure de ce sol prise bien exactement. Or cet intervalle, de quarte ainsi altéré, ne blesse point l'oreille, donc elle admet une altération sur le *sol* comme quarte au-dessous d'*ut*, comme elle en a admis une sur le *sol* comme quinte au-dessus du même *ut*.

2°. Quant aux altérations que peuvent éprouver les tierces; pour s'en convaincre, il suffira de remarquer qu'en altérant convenablement quatre quintes de suite, *ut*, *sol*; *sol*, *re*; *re*, *la*; et *la mi*; le son *mi*, qui vient à ce quatrième terme, forme par le rapprochement que procurent les octaves, (1) une tierce majeure (intervalle de quatre demi-tons) avec le premier point *ut*, d'où on est parti, et une tierce mineure (intervalle de trois demi-tons) avec la première quinte *sol*; or ces tierces n'en demeurent pas moins, dans le cas dont il s'agit, agréables à l'oreille; on peut donc en conclure qu'elle admet aussi des modifications dans ces mêmes intervalles de tierces, soit majeures, soit mineures.

3°. Et quant aux sixtes, il est aisé de voir que les tierces

(1) Ces explications seront plus faciles à saisir sur le clavier même d'un piano-forté : il en est de même de tous les calculs du genre de celui auquel répond cette note.

prises à l'octave au-dessous de leur tonique, feront avec celle-ci des sixtes : donc si un de ces intervalles est altérable avec succès, l'autre doit l'être de même.

4°. Quant aux semi-tons, l'effet des treize termes de la progression, diversement altérés de quinte en quinte, et rapprochés par les octaves à leur moindre distance, de manière que le dernier soit à l'unisson du premier, étant de donner à chacun des sons qui forment cette échelle chromatique entre les deux unissons d'une octave, une place différente de celle qu'il auroit eu si l'on eût suivi l'accord exact de la nature, ou même d'autres altérations, et néanmoins cette suite de sons étant au gré de l'oreille, il est également prouvé par là que les intervalles de demi-tons qui forment cette suite chromatique sont susceptibles d'une légère altération entre eux : enfin, comme par la même raison, il en est ainsi de la gamme *ut, re, mi, fa, sol, la, si, ut*; ou de l'échelle diatonique dans tous les tons; il suit de-là que l'universalité du systême, qui sert de base à la musique, est établie sur des intervalles qui tous sont éloignés plus ou moins, quoique jamais d'une manière trop sensible, de la justesse rigoureuse de la nature; et il le falloit bien ainsi, puisqu'elle a placé les trois élémens de l'accord parfait qu'elle nous a transmis par la résonnance des corps sonores dans des rapports, tels, que la suite successive des mêmes intervalles, forme des uns aux autres une série divergente et infinie qui tend à les éloigner toujours davantage, et à ne les réunir jamais par l'unisson dans aucun de ses termes.

Donc (ainsi que nous l'avons déjà fait entendre), pour faire un art régulier de la musique, il a fallu pouvoir établir des modifications dans l'accord des sons qui la composent, au reste desquelles sont adoptées par l'oreille, l'objet essentiel est rempli, et c'est précisément ce qui fait qu'au milieu de tous ces sons plus ou moins altérés entr'eux, tel morceau de musique nous enchante, qui, s'il étoit calculé géométriquement et comparé avec la justesse des intervalles indiqués par la résonnance des corps sonores, ne présenteroit qu'un chaos indéchiffrable; d'où l'on voit évidemment combien se trouve être en pure perte, la *majeure partie du travail* de plusieurs auteurs, tant anciens que modernes, qui ont prétendu et voulu prouver que la musique étoit toute soumise au calcul, qui *en ont subdivisé les intervalles* en semi-tons majeurs, *semi-tons mineurs*, etc., et qui ont rempli leurs livres élémentaires de dénominations bizarres, d'équations algébriques et d'autres singularités; lesquelles, malgré l'*appareil scientifique* qui les enveloppe et qui est *bon, tout au plus, à occuper* un moment les calculateurs par *curiosité*, seront toujours absolument étrangères au véritable système qui existe sur la musique. (1)

Or, ce système, quoiqu'on en dise, constitue exclusi-

---

(1) Le but de cet écrit ne me permet pas de me livrer à de plus amples détails sur les erreurs que j'attaque ici : mais je me propose de les relever dans un traité plus étendu, et qui sera particulièrement destiné au développement de la théorie de la musique. Je prouverai que la plupart de ceux qui, jusqu'à présent, ont publié leurs idées sur cet art (notamment d'Alembert et J. J. Rousseau), se sont étrangement mépris dans les explications qu'ils en ont données; qu'ils nous ont présenté des calculs, comme devant être l'expression fidèle des intervalles de la musique; tandis que dans le fond, ces calculs ne sont que l'expression des intervalles harmoniques, indiqués par la résonnance des corps sonores : or, ceux - ci ne correspondent presque jamais exactement avec ceux-là, et leur calcul est toute autre chose.

vement la science que tout amateur de musique doit consulter et étudier : et malgré qu'elle ne nous vienne pas toute de la nature, malgré qu'elle ne soit pas assujétie à une exactitude mathématique, cette science est par elle-même, assez riche, assez étendue, assez susceptible de nombreuses combinaisons et de grands effets, sans qu'on ait besoin de recourir au merveilleux pour la rendre plus intéressante, ni de compliquer son vocabulaire, par un jargon inutile.

CHAPITRE VI.

Exposition des diverses manieres de procéder à la partition du Piano, leurs défauts et leurs avantages.

IL s'agit donc, pour composer l'accord général du piano-forté, de commencer par fixer les intervalles d'une octave entière vers le milieu du clavier, par le moyen d'une progression bien ordonnée et modifiée, de manière à remplir exactement les conditions que nous venons d'expliquer, afin que cette octave puisse ensuite servir de modèle aux dessus et aux basses de l'instrument.

Dans la pratique, et à cause du rapprochement des octaves dont on a continuellement besoin pour former la totalité et l'ensemble de cette progression, on en établit les élémens sur deux octaves pleines, par exemple, entre trois *ut*, ou entre trois *la*, vers le milieu du clavier. Quant au son générateur de la progression, il est évident qu'on peut indistinctement choisir celui que l'on voudra, et qu'on est libre de commencer et fermer le cercle des treize termes sur une des douze touches qui composent l'échelle chromatique. Toutes peuvent procurer le résultat général qu'on cherche. Néanmoins l'usage a consacré quelques tons de préférence : et dès qu'on est le maître de prendre celui qu'on veut, il y a d'autant moins d'inconvéniens de préférer ceux en faveur desquels on peut trouver quelques motifs:

De ce nombre, est le ton *la* : il est certain que ce ton est le régulateur de l'accord des orchestres : tous les diapazons indiquent le *la*, et ne varient entr'eux que d'une légère différence; ainsi, en partant de ce premier son, que vous pouvez régler à votre volonté, un peu plus haut ou un peu plus bas, vous avez l'avantage de pouvoir directement vous conformer à tel ou tel diapazon donné.

Le ton *ut* a encore son utilité. Ceux qui le préfèrent pour commencer l'accord du piano, en donnent pour raison, que ce ton a l'avantage de présenter dans les premières quintes qui l'avoisinent, soit en montant *ut*, *sol*, *re*, *la*; soit en descendant *ut*, *fa*, *si* ♭, les tons les plus usités en musique. Ils ajoutent que, puisqu'il faut altérer les intervalles, et qu'on le peut plus ou moins, il vaut mieux que les altérations les plus fortes soient portées sur les gammes les moins usitées, et que les plus petites le soient sur celles qui sont le plus en usage ; par conséquent, en commençant par *ut*, ils sont plus à même de donner tous leurs soins à ces premières quintes dont nous venons de parler, et de ne les altérer que le moins possible, sauf à subordonner à ce commencement, dans le reste de l'accord, les autres tons dont les gammes sont moins employées.

Et quant à l'avantage de pouvoir directement s'accorder à un diapazon donné sur le ton *la*, ils prétendent que rien n'est plus facile que d'en jouir avec leur méthode; 1°. en prenant

prenant de ce *la* au *mi* au-dessus une quinte un peu affoiblie. 3°. En joignant à ce *mi* ainsi accordé, l'*ut* au-dessous, faisant intervalle de tierce majeure, et de cet *ut* ainsi fixé on peut, disent-ils, commencer l'accord, et même on n'aura pas perdu de temps par les deux accords préparatoires, puisque les deux touches *la* et *mi* se trouveront accordées.

J'avoue que ces raisons m'ont déterminé en faveur du son *ut* pour commencer l'accord du piano : néanmoins j'indiquerai les nuances d'altération qui me paroissent les plus convenables dans l'une et l'autre circonstance, afin qu'on puisse essayer les deux procédés et choisir soi-même.

Il est un autre objet sur lequel il est nécessaire de fixer ses idées. Cet objet est relatif aux divisions des intervalles par sept ou par cinq demi-tons (voyez la note page 21), répondant à la quinte ou à la quarte, et ayant l'une et l'autre la qualité requise pour parcourir successivement les douze demi-tons de l'échelle chromatique sans en répéter aucun. Un auteur, dans une méthode abrégée sur la partition du piano, a manifesté sa préférence pour la division des intervalles par quarte. Son opinion est-elle fondée ? C'est ce que nous allons examiner. (On se rappelle que la quarte au-dessus d'un ton, et la quinte au-dessous du même ton, forment deux unissons à l'octave l'un de l'autre). Cet auteur prétend qu'en accordant la quarte *juste* au-dessus d'un son (*fa*, par exemple, au-dessus d'*ut*), et prenant l'octave de cette quarte *fa* au-dessous du même *ut*, cette octave, qui fait alors quinte avec cet *ut*, se trouve diminuée justement de ce qu'il faut pour faire joindre au bout de treize opérations pareilles, le premier et le dernier terme : d'où il conclud à préférer pour diviseur cet intervalle de quarte par lequel, selon lui, sans altération et en accordant *juste*, on parvient au même but, qu'en divisant en quintes qu'on est obligé d'altérer. Cette méthode, quelque spécieuse, quelque satisfaisante dans ses résultats qu'elle paroisse, promet beaucoup plus qu'elle ne donne, et pour peu qu'on y réfléchisse avec attention, on en reconnoîtra aisément l'erreur dans le procédé même qui en fait la base, savoir l'accord d'une quarte juste. En effet, lorsqu'il est question d'un intervalle juste, notre point de comparaison est la résonnance des corps sonores; hors de là, je ne vois point de guide assuré pour le plus ou moins de justesse d'un intervalle. Or la nature ne procure l'intervalle de quarte que secondairement et par l'effet de la quinte que le corps sonore fait résonner, et dont on prend l'octave au dessous du même corps sonore. Donc on ne peut concevoir dans la quarte une justesse physique autre que celle que la quinte a déterminé : donc l'hipothèse que la quarte juste répond à la quinte altérée, et qui supposeroit nécessairement la proposition inverse, savoir qu'une quinte juste répondroit aussi à une quarte altérée, est évidemment absurde. Quoi ! vous accordez une quinte juste, et c'est le corps sonore lui-même qui vous l'indique ! vous prenez ensuite bien exactement l'octave inférieure de cette quinte : vous l'éprouvez avec ce même corps sonore, et vous prétendez que ce nouvel intervalle n'est pas juste ? Mais le corps sonore repousse-t-il ce son inférieur ? non, car il fait entendre précisément son unisson le plus parfait. Ces objections qui se présentent naturellement contre ce nouveau systême me paroissent sans réplique. Néanmoins, pour ne me laisser aucun regret, j'ai moi-même examiné sur le piano cette prétendue propriété attribuée à l'intervalle de quarte, et j'ai trouvé au contraire que plus la quinte est accordée dans la justesse du corps sonore, plus l'octave inférieure de cette quinte forme, avec ce corps sonore, une quarte agréable à l'oreille : seulement les altérations sont en sens inverse, et à mesure que vous diminuez la quinte, vous augmentez la quarte, et réciproquement. Du reste, la latitude est égale pour les deux intervalles ; et le point en plus ou en moins où la qninte est portée tout-à-fait hors de sa sphère et devient mauvaise, rend également la quarte sur la même note insupportable. (1) Ainsi l'expérience vient à l'appui de la raison. Mais je dirai plus : quand même ce systême sur la partition du piano n'auroit pas, dans ses bases, les faussetés que je viens de démontrer, il n'en seroit pas moins à rejeter ; car en supposant qu'il fût possible, en le suivant, d'accorder le piano, il est évident qu'alors tous les intervalles seroient égaux entr'eux : or, indé-

---

(1) *Nota.* Pour constater bien clairement cette expérience, ainsi que tout ce que je viens de dire contre le systême d'accord par quarte, on n'a qu'à accorder bien exactement deux *ut* à l'octave l'un de l'autre ; ensuite accorder par épreuve le *sol* qui est entre ces deux *ut*, relativement au plus grave des deux, d'abord à la distance juste de quinte, puis en quinte affoiblie, ensuite en quinte forte, alors on reconnoîtra évidemment en comparant dans toutes ces circonstances ce *sol* successivement avec les deux *ut*, que lorsque la quinte est très-juste avec l'un des deux, la quarte l'est aussi avec l'autre, que lorsque cette quinte est foible, la quarte est forte et réciproquement ; enfin que ces deux genres de distance ont absolument la même latitude dans le tempérament dont elles sont susceptibles.

pendamment d'une certaine monotonie dans la proportion des cordes principales des tons que cette égalité nécessite, et qu'il n'est pas indifférent d'éviter, je crois très-utile, ainsi que je l'ai observé plus haut, de varier les altérations entre les treize termes ou les douze tons différens, de manière que ceux qui sont le plus en usage dans la musique soient le moins altérés : car, enfin, ceux qui ont de l'expérience dans cet art savent bien que les gammes diatoniques en *fa* ※, ou en *ut* ※, sont beaucoup moins usitées que celles en *re* ou en *la* naturel. Il vaut donc mieux soigner d'une manière plus rapprochée de la nature, les gammes, les quintes et les accords parfaits des tons sur lesquels les compositeurs s'exercent le plus communément et le plus volontiers. Ainsi nous procéderons par quintes, et par quintes différemment altérées pour former la partition du piano. En ayant seulement l'attention de faire successivement les épreuves nécessaires, pour que les tons même les moins favorisés, soient encore très - supportables et d'une bonne harmonie : attention dont on ne s'avisoit pas anciennement, et à laquelle nos bons accordeurs d'aujourd'hui ne manquent jamais.

CHAPITRE VII.

FORMULES PRATIQUES POUR LA PARTITION DU PIANO

Premiere formule de partition commençant par le ton la, (voyez fig. 4.)

1 Mettez l'étouffoir au - dessus des deux cordes qui répondent au troisième *la* que vous rencontrerez en parcourant le clavier de bas en haut, le piano supposé au grand ravallement.

2 Accordez à votre gré la corde restée libre.

3 Otez l'étouffoir et accordez l'unisson de ce *la*.

4 Mettez l'étouffoir au - dessus des deux cordes du *mi* au - dessus.

5 Accordez la corde inférieure de ce *mi* sur le *la* déjà accordé (quinte foible).

6 Otez l'étouffoir et accordez l'unisson de ce *mi*.

7 Mettez l'étouffoir au - dessus des deux cordes du *mi* au - dessous.

8 Accordez la corde inférieure de ce *mi* octave du premier.

9 Otez l'étouffoir et accordez l'unisson de ce *mi*.

10 Placez l'étouffoir au-dessus des deux cordes du *si* au-dessus de ce dernier *mi*.

11 Accordez la corde inférieure de ce *si* avec ce dernier *mi* (quinte foible).

12 Otez l'étouffoir, accordez l'unisson de ce *si*.

13 Placez l'étouffoir au - dessus des deux cordes du *si* au - dessous.

14 Accordez la corde inférieure de ce *si*, octave du premier.

15 Otez l'étouffoir, accordez l'unisson de ce *si*.

16 Placez l'étouffoir au-dessus des deux cordes du *fa* ✻ au-dessus de ce dernier *si*.

17 Accordez la corde inférieure de ce *fa* ✻ avec le dernier *si* (quinte presque juste).

18 Otez l'étouffoir, accordez l'unisson de ce *fa* ✻.

19 Placez l'étouffoir au-dessus des deux cordes du *fa* ✻ au - dessus.

20 Accordez la corde inférieure de ce *fa* ✻, octave du premier.

21 Otez l'étouffoir, accordez l'unisson de ce *fa* ✻.

22 Mettez l'étouffoir au-dessus des deux cordes de l'*ut* ✻ au-dessus du *fa* ✻, le plus bas des deux que vous venez d'accorder.

23 Accordez la corde inférieure de cet *ut* ✻ avec le *fa* ✻ au-dessous, quinte à-peu-près juste : en l'éprouvant avec le *la* et le *mi*, les plus voisins qui sont déjà accordés, les trois sons doivent faire un accord parfait majeur, dont la tierce *ut* ✻ doit être un peu forte.

24 Otez l'étouffoir, accordez l'unisson de cet *ut* ✻ ainsi accordé.

(*Nota.*) Quand vous éprouvez un son ou une touche dans plusieurs accords, il est bon de toucher successivement ces accords, plusieurs fois avant de fixer le son qui est à accorder, pour le régler en conséquence, et convenablement à tous ces essais.

25 Mettez l'étouffoir au-dessus des deux cordes de l'*ut* ※ au - dessous.

26 Accordez la corde inférieure de cet *ut* ※ , octave du premier.

27 Otez l'étouffoir, accordez l'unisson de cet *ut* ※.

28 Etouffez la corde supérieure du *sol* ※ au-dessus.

29 Accordez la corde inférieure de ce *sol* ※ avec l'*ut* ※ au-dessous; d'une part quinte à-peu-près juste : et de l'autre en éprouvant ce *sol* ※ avec le *mi* et le *si* qui l'avoisinent, accord parfait majeur, tierce un peu forte.

30 Otez l'étouffoir, accordez l'unisson de ce *sol* ※.

31 Mettez l'étouffoir au-dessus des deux cordes du *sol* ※ au - dessus.

32 Accordez la corde inférieure de ce *sol* ※ , octave du premier.

33 Otez l'étouffoir, accordez l'unisson de ce *sol* ※. Lorsque les cinq où six premières quintes d'une partition sont accordées, on est dans l'usage de revenir au premier son d'où on est parti, et de reprendre la série dans un sens opposé, c'est-à-dire, en prenant la quinte au-dessous de ce premier son, et toujours ainsi de suite.

On conçoit que cela doit revenir au même, et qu'on doit rencontrer, dans un ordre inverse, les mêmes sons ou intervalles que si on avoit continué; car puisque le treizième terme doit être à l'unisson du premier, il est clair que l'avant-dernier terme doit être aussi une quinte du premier. Mais un son ne peut avoir que deux quintes naturelles différentes, une à l'aigu (ou plus haute que lui), l'autre au grave (ou plus basse), donc ayant dirigé en commençant, l'accord par la quinte à l'aigu du premier ton, si je prends actuellement la quinte de ce ton au grave, je suis sûr que ce ton auroit été l'avant - dernier terme en continuant comme j'avois commencé : je suis donc toujours, par ce nouveau procédé, dans la véritable route de ma progression; je dois donc nécessairement trouver toutes les quintes qui manquent depuis le point où je l'ai interrompue; et c'est comme si, ayant entrepris de tracer un cercle entier, vous interrompiez le cours du compas, après avoir tracé seulement une portion du cercle, pour le recommencer dans le sens opposé et en partant du premier point. Il est évident que les deux arcs viendroient se joindre, et que le cercle se trouveroit décrit exactement par la réunion de ces deux procédés.

Mais, dira-t-on, si cela doit revenir au même, pourquoi interrompre et changer l'ordre commencé? Plusieurs raisons y engagent : d'abord, ce que nous avons dit sur les tons qu'il faut soigner davantage en fournit une suffisante, et l'on voit que le ton de *sol* ✕, où nous avons interrompu la progression et où nous viendrons la rejoindre, est bien moins usité que le ton *la* naturel, ainsi que les quintes qui l'avoisinent. De plus, dans des nuances délicates à saisir, comme celle de la partition dont il s'agit, on peut entrevoir un certain avantage à partir par deux routes opposées d'un point commun aux deux extrêmes, et à se donner ainsi des facilités pour rejeter sur plus ou moins de termes vers le milieu les altérations nécessaires. Cela posé :

34 Placez l'étouffoir au-dessus des deux cordes du *re* au-dessous du premier *la*.

35 Accordez la corde inférieure de ce *re* sur le premier *la*, devant faire ensemble quinte très-foible, joignez à cette épreuve le *fa* ✕ pour completter l'accord parfait majeur.

36 Otez l'étouffoir et accordez l'unisson de ce *re*.

37 Placez l'étouffoir au-dessus des deux cordes de l'octave supérieure de ce *re*.

38 Accordez la corde inférieure de ce *re*, octave du premier.

39 Otez l'étouffoir, accordez l'unisson de ce *re*.

40 Placez l'étouffoir au-dessus des deux cordes du *sol* au-dessous de ce dernier *re*.

41 Accordez la corde inférieure de ce *sol* avec le *re* supérieur, quinte foible, joignez à l'épreuve le *si* pour que l'accord parfait, qui doit être bon à l'oreille, soit complet.

42 Otez l'étouffoir, accordez l'unisson de ce *sol*.

43 Mettez l'étouffoir au-dessus des deux cordes du *sol* supérieur.

44 Accordez la corde inférieure de ce *sol*, octave du premier.

45 Otez l'étouffoir, accordez l'unisson de ce *sol*.

46 Mettez l'étouffoir au-dessus des deux cordes de l'*ut* qui est au-dessous de ce dernier *sol*.

47 Accordez la corde inférieure de cet *ut* avec le *sol* supérieur, quinte foible, ajoutez-y le *mi* pour completter l'accord parfait dans l'épreuve.

48 Otez l'étouffoir, accordez l'unisson de cet *ut*.

49 Mettez l'étouffoir au-dessus des deux cordes de l'*ut* inférieur.

50 Accordez la corde inférieure de cet *ut*, octave du précédent.

51 Otez l'étouffoir, accordez l'unisson de cet *ut*.

52 Mettez l'étouffoir au-dessus des deux cordes du *fa* supérieur à ce dernier *ut*.

53 Accordez la corde inférieure de ce *fa* sur l'*ut* supérieur, quinte foible, joignez-y le *la* pour completter l'accord parfait.

54 Otez l'étouffoir, accordez l'unisson de ce *fa*.

55 Mettez l'étouffoir au-dessus des deux cordes du *fa* supérieur.

56 Accordez la corde inférieure de ce *fa*, octave du premier.

57 Otez l'étouffoir, accordez l'unisson de ce *fa*.

58 Mettez l'étouffoir au-dessus des deux cordes du *si* ♭ qui est au-dessous de ce même *fa*.

59 Accordez la corde inférieure de ce *si* ♭, quinte foible, avec le *fa* supérieur, en y joignant le *re* intermédiaire pour completter l'accord parfait.

60 Otez l'étouffoir, accordez l'unisson de ce *si* ♭.

61 Mettez l'étouffoir au-dessus des deux cordes de l'octave inférieure de ce *si* ♭.

62 Accordez la corde inférieure de ce *si* ♭, octave du premier.

63 Otez l'étouffoir, accordez l'unisson de ce *si* ♭.

64 Mettez l'étouffoir au-dessus des deux cordes du *mi* ♭, supérieur à ce dernier *si* ♭.

65 Accordez la corde inférieure de ce *mi* ♭ avec le *si* ♭, supérieur, quinte presque juste, joignez-y le *sol* intermédiaire et complettez l'épreuve.

66 Otez l'étouffoir, accordez l'unisson de ce *mi* ♭.

67 Mettez l'étouffoir au-dessus des deux cordes du *mi* ♭. supérieur.

68 Accordez la corde inférieure de ce *mi* ♭, octave du premier.

69 Otez l'étouffoir, accordez l'unisson de ce *mi* ♭.

70 Joignez ce dernier *mi* ♭ au *la* ♭ inférieur, qui est le *sol*✱, accordé par les procédés 28, 29 et 30. Si vous avez observé les gradations indiquées, ces deux sons doivent former une quinte supportable et un accord parfait majeur, passablement bon, en y ajoutant l'*ut*; moyennant quoi la partition est finie; et vous pourrez accorder les autres touches du piano en commençant les dessus à la touche *la*, octave supérieure de celui sur lequel on a pris le diapazon et les basses par la touche *la*, octave inférieure du même, en suivant les instructions détaillées dans les chapitres III et IV.

Si le résultat de la partition ne se trouvoit pas bon à la dernière quinte, on feroit ensorte de rectifier l'erreur en rétrogradant pendant trois ou quatre intervalles, soit du trente-troisième au vingt-troisième procédé, soit du soixante-neuvième au cinquante-neuvième, et en essayant de rapprocher les intervalles de ces trois ou quatre quintes, un peu plus, dans le cas où la dernière se trouveroit trop foible, et un peu moins, si elle se trouvoit trop forte.

Dorénavant je n'énoncerai plus les détails mentionnés

dans la première formule, dont la simple lecture et un peu d'expérience doivent bientôt mettre au fait; ainsi au lieu de décrire les trois opérations qui accompagnent l'accord de chaque touche, savoir : première opération. *Mettez l'étouffoir au-dessus des deux cordes, de telle touche*, deuxième. *Accordez la corde inférieure de cette touche*, troisième. *Otez l'étouffoir et accordez l'unisson de cette touche*, J'écrirai simplement *accordez* telle touche, et ce mot seul *accordez* supposera l'exécution successive des trois opérations ci-dessus, ce qui abrégera beaucoup les explications subséquentes.

Deuxième formule de partition commençant par le ton *ut*. (Voyez fig. 5.)

Premiere partie.

1 Accordez le troisième *ut* que vous rencontrerez en parcourant le clavier de bas en haut.

2 Accordez avec cet *ut* le *sol* au-dessus, quinte foible.
3 Accordez l'octave inférieure de ce *sol*.
4 *idem*. Avec ce *sol* le *re* au-dessus, quinte foible.
5 *idem*. L'octave inférieure de ce *re*.
6 *idem*. Avec l'octave supérieure de ce dernier *re*, le *la* au-dessus, quinte foible.

7 *idem*. L'octave inférieure de ce *la*.
8 *idem*. Avec ce dernier *la*, le *mi* au-dessus, quinte foible, éprouvée aussi comme tierce majeure avec le premier *ut*.

9 *idem*. L'octave inférieure de ce *mi*.
10 *idem*. Avec l'octave supérieure de ce dernier *mi*, le *si* au-dessus, quinte foible, éprouvez ce *si* en même-

temps avec le *sol* au-dessous et le *re* aussi au-dessous déjà accordés, et vous soumettrez l'altération de ce *si* à l'épreuve de la quinte, *mi* et à celle de l'accord parfait majeur *sol*, *si*, *re*.

11 Accordez l'octave inférieure de ce *si*.

12 *idem*. Avec ce dernier *si*, accordez le *fa* ✻ au-dessus, faites la double épreuve du même genre qu'au n°. 10, savoir : *si*, *fa* ✻, quinte ; *re*, *fa* ✻, *la*, accord parfait majeur.

13 Accordez l'octave inférieure de ce *fa* ✻.

14 *idem*. Avec ce dernier *fa* ✻ l'*ut* ✻ au-dessus, faites également double épreuve *fa* ✻, *ut* ✻, quinte ; et *la*, *ut* ✻, *mi*, accord parfait majeur.

15 Accordez l'octave inférieure de cet *ut* ✻.

16 *idem*. Avec l'octave supérieure de ce dernier *ut* ✻, le *sol* ✻ au-dessus, *ut* ✻, *sol* ✻, quinte ; et *mi*, *sol* ✻, *si*, accord parfait majeur.

17 Accordez l'octave inférieure de ce *sol* ✻.

Seconde Partie.

18 Accordez le *fa* au-dessous du premier *ut*, avec lequel il doit faire quinte, déterminez ce *fa*.

1°. D'après l'accord parfait majeur, *fa*, *la*, *ut*.

2°. D'après l'accord parfait majeur, *fa*, *la* ♭, *re* ♭.

3°. D'après la sixte majeure, *fa*, *re* naturel. J'ai placé ces *notes* dans l'ordre où je les indique sur le clavier. La première épreuve et la troisième sont les plus essentielles. Quant à cette dernière, la comparaison de l'intervalle déjà déterminé *ut* et *la*, fera aisément distinguer ce qu'on doit desirer entre *fa* et *re*. Quant aux *la* ♭ et *re* ♭ indiqués dans la seconde épreuve, ces touches sont les mêmes que *sol* ♯ et *ut* ♯ déjà accordés, cet accord parfait *fa*, *la* ♭, *re* ♭, étant peu usité, il suffira qu'il soit passablement bon.

19 Accordez l'octave supérieure de ce *fa*.

20 *idem*. Avec ce dernier *fa*, le *si* ♭ au-dessous, épreuve du même genre qu'à l'article 18. 1°. *si* ♭, *re*, *fa*; 2°. *si* ♭, *re* ♭ *solb* (égal à *la* ♯, *ut* ♯, *fa* ♯); 3°. *si* ♭, *sol*; sixte majeure (même intervalle qu'*ut*, *la*.)

21 Accordez l'octave supérieure de ce *si* ♭.

22 *idem*. Avec ce dernier *si* ♭, le *mi* ♭ au-dessous, épreuves comme à l'article 18. 1°. *mi* ♭, *sol*, *si* ♭; 2°. *mi* ♭, *sol* ♭, *ut* ♭ (égal à *re* ♯, *fa* ♯, *si*); 3°. *mi* ♭, *ut*, sixte majeure.

23 Accordez l'octave inférieure de ce *mi* ♭.

Ici la partition est finie, et si on a bien combiné les altérations indiquées, ce dernier *mi* ♭ accordé doit faire avec le *la* ♭ au-dessous, qui est la même touche que le *sol* ♯ accordé aux articles 16 et 17, une quinte passablement bonne. On rectifiera l'accord général au besoin, de la même manière qu'il est indiqué à la fin de la première formule, et on achèvera celui des dessus et des basses du piano en commençant par l'octave supérieure du premier *ut* pour les dessus, et par l'octave inférieure du même premier *ut* pour les basses, et en suivant les procédés décrites aux chapitres III et IV.

Réunion de la premiere formule à la seconde. (Voyez fig. 6.)

1°. Accordez comme dans la première formule le troisième *la* à partir des basses.

2°. Accordez le *mi* au-dessus avec ce *la*, quinte foible.

3°. Accordez avec ce *mi* l'*ut* au-dessous, tierce majeure. Cet *ut*, le troisième à partir des basses, est le point d'où part la deuxième formule ; on peut donc de ce point commencer la deuxième formule et la suivre comme elle est indiquée, en observant que la sixième et la huitième opération de cette formule sont déjà consommées : on les parcourra donc seulement pour l'ordre et sans déranger le *la* et le *mi* déjà accordés, mais on completterа l'accord de leurs octaves indiqué aux numéros 7 et 9, et pour tout le reste on achèvera de remplir ce qui est prescrit dans cette seconde formule. (1)

---

(1) Quelques accordeurs préparent l'accord de leur partition en plaçant plusieurs étouffoirs entre les cordes des touches par lesquelles ils doivent la déterminer, de manière qu'il n'y ait qu'une seule corde par touche, qui puisse vibrer : ce qui permet de faire alors la partition sans être obligé de s'en distraire à tout moment par l'accord des unissons : il faut avoir une certaine habitude de cette méthode pour pouvoir s'en servir facilement. Elle consiste à placer un premier étouffoir, par exemple, au-dessus des deux cordes du troisième *fa* en parcourant le clavier de bas en haut. On étouffe par *la* la corde la plus haute de ce *fa*, et

J'ai quelquefois employé un procédé plus court pour former la partition du piano. Je l'offre ici à la curiosité des personnes qui ont l'oreille exercée aux divers intervalles, en les assurant qu'avec un peu d'habitude à les

---

la plus basse du *fa*✻ attenant, ensuite on en place un second au-dessus des deux cordes du *sol* voisin, qui étouffe pareillement la corde la plus haute de ce *sol* et la plus basse du *sol* ✻ au-dessus. On en place un troisième au-dessus des deux cordes du *la* suivant, qui étouffe de la même manière le *la* et le *la*✻. Un quatrième au-dessus des deux cordes du *si*, qui étouffe également le *si* et l'*ut* : un cinquième au-dessus des deux cordes de l'*ut*✻ pour cet *ut*✻ et le *re* à côté : un sixième au-dessus des deux cordes du *re*✻ pour le *re*✻ et le *mi* : un septième au-dessus du *fa* pour le *fa* et le *fa*✻ : un huitième au-dessus du *sol*, pour le *sol* et le *sol*✻ : un neuvième au-dessus du *la*, pour le *la* et le *la*✻. Enfin un dixième au-dessus des deux cordes du *si* : cette quantité de tons pouvant au besoin suffire pour former la partition.

Les étouffoirs étant ainsi placés, il faut se souvenir (ou le mettre par écrit pour ne pas l'oublier) que les cordes qui demeurent libres dant cet espace, pour pouvoir être accordées, sont d'une part :

Les cordes inférieures des notes *fa*, *sol*, *la*, *si*, *ut*✻; *re*✻, *fa*, *sol*, *la*, *si*, et les supérieures de *fa*✻, *sol*, ✻ *la*✻, *ut*, *re*, *mi*, *fa*✻, *sol*✻ et *la*✻. Cela posé, on peut procéder à la partition comme nous l'avons indiqué à la deuxième formule : en ayant seulement attention à deux choses, la première, que le mot *accordez* n'indique dans ce cas-ci que l'accord simple de la corde libre des tons que l'on par-

saisir,

saisir, cette nouvelle formule est très-bonne, très-exacte, et beaucoup plus abrégée.

Elle est fondée sur les quatre tierces mineures qui divisent l'octave : en prenant sur le son de chacune

---

court, les étouffemens étant faits d'avance, et les unissons ne devant être mis d'accord qu'après la partition faite. La deuxième, que les opérations 5, 9, 15 et 23 de cette formule sont supprimées, les notes qu'elles concernent excédant les bornes de ce dernier procédé.

La partition étant ainsi finie, on ôtera tous les étouffoirs et on accordera de suite les unissons, c'est-à-dire, les cordes supérieures des notes *fa*, *sol*, *la*, *si*, *ut*♯, *re*♯, *fa*, *sol*, *la*, *si*; et les inférieures de *fa*♯, *sol*♯, *la*♯, *ut*, *re*, *mi*, *fa*♯, *sol*♯ et *la*♯.

Ensuite on accordera les octaves des dessus et des basses avec les précautions indiquées aux chapitres 3 et 4, en commençant toutefois les dessus par le quatrième *ut*, et les basses par le troisième *fa*.

Si on veut appliquer cette manière de préparer la partition du piano à la premiére formule commençant par le ton *la*, rien ne sera plus aisé par l'analogie des opérations : en préparant de même l'espace de tons depuis le *re* au-dessous du ton générateur de cette première formule, jusqu'au *sol*♯ au-dessus ; en prenant les précautions nécessaires pour éviter les méprises entre les cordes étouffées et non étouffées, et en appliquant à cette formule les deux exceptions exprimées ci-dessus.

Cette méthode donne des facilités à un accordeur pour rectifier les erreurs d'une partition ou pour la perfectionner ; néanmoins, comme elle exige une grande habitude de l'insd'elles, deux tierces majeures à la suite l'une de l'autre: tous les intervalles chromatiques entre un son et son octave, se trouvent accordés et servent ainsi de modèles aux autres; d'une part, cette méthode est très-expéditive et de l'autre, elle a l'avantage que, lorsqu'il y a quelqu'erreur à rectifier, on en apperçoit plus aisément la cause, et on y remédie facilement; mais, je le répète, il faut, pour s'en servir, saisir habilement les intervalles de tierce majeure et mineure. En voici les dispositions:

Troisieme et nouvelle formule (Voyez fig. 7).

1 *la*, *ut*, tierce mineure, plus forte que foible.
2 *ut mi* ♭ *id.*
3 *mi* ♭, *sol* ♭. *id.* très-foible.

4 *la*, *ut*♯, tierce majeure juste.
5 *ut*♯, *mi*♯, *id. id.* très-forte.

6 *ut*, *mi*. *id. id.* juste.
7 *mi*, *sol*♯. *id. id.* forte.

8 *mi* ♭, *sol*. *id. id.* un peu forte.
9 *sol*, *si*. *id. id.* juste.

10 *sol* ♭, *si* ♭ *id. id.* très-forte.
11 *si* ♭, *re*. *id. id.* juste.

---

trument, je conseille encore aux commençans et aux amateurs, l'usage de mes formules, telles que je les ai tracées, es procédés y étant plus uniformes et plus aisés à saisir. Déjà le résultat en est absolument le même, et souvent des

Dans cette formule-ci les épreuves sont très - aisées à imaginer : en effet *la*, *ut*♯, tierce majeure par exemple, ensuite *ut*♯ et *mi*♯, autre tierce majeure, forment deux intervalles dont les extrêmes *la* et *mi*♯ (ou *fa*) sont consonnans; c'est donc là une occasion d'épreuve bien naturelle entre ces trois sons, et on n'imagine pas combien cette analogie, répétée souvent dans cette formule, facilite les épreuves et les multiplie. Au reste, il faut avoir soin d'accorder successivement quelques octaves comme celle de *si*, *si*♭, *re*, près du premier son *la*, pour que l'échelle chromatique se trouve formée sans interruption.

CHAPITRE VIII.

Aplication des Méthodes précédentes, aux diverses espéces de Piano et au Clavecin.

IL me reste à faire un examen abrégé des piano-forté, qui ont dans leur construction quelques différences avec le piano-forté ordinaire à deux cordes, et qui, en conséquence, obligent à quelques attentions particulières, pour distinguer leurs cordes et pour les séparer à volonté dans l'accord des unissons.

---

moyens qui, employés par les hommes de l'art, abrégent la besogne, ne fournissent aux autres que de nouveaux embarras et des occasions d'arriver plus tard au but. Seulement à mesure qu'on acquerra de l'habitude pour l'accord du piano, on pourra essayer toutes les manières d'y procéder, pour pouvoir choisir ensuite, avec connoissance de cause, celle qui paroîtra préférable.

Parmi ces instrumens, on peut remarquer, 1°. le piano à trois cordes (même forme que le piano ordinaire). 2°. Le grand piano en forme de clavecin à deux ou à trois cordes.

Quant au premier, il est aisé de voir que les chevilles y sont rangées horizontalement par six au lieu de l'être par quatre, et qu'il y en a trois pour chaque touche (*Voyez fig.* 8) : les marques indicatives des chevilles sont les mêmes; ainsi, pour accorder partiellement une touche, il faut mettre l'étouffoir entre les deux cordes les plus hautes de cette touche; accorder la plus basse, mettre l'étouffoir, ensuite une corde au-dessus; accorder la cheville au-dessus, deuxième unisson : ôter l'étouffoir et accorder le troisième et dernier unisson. Quant à l'accord consécutif de plusieurs touches, la seule différence à observer comparativement avec les opérations relatées au chapitre IV consiste en ce qui suit :

Pour les dessus.

1ere. Opération.	Posez l'étouffoir entre les deux cordes les plus hautes des trois dissonnantes les moins éloignées du *médium* supposé d'accord.
2eme. Op.	Accordez la plus basse des trois par le moyen de son octave inférieure.
3eme. Op.	Placez ensuite le marteau sur la cheville voisine en montant.
4eme. Op.	Placez l'étouffoir une corde au-dessus.
5eme. Op.	Accordez la cheville sur laquelle vous avez mis le marteau, unisson de la première.

6eme. Op. Placez le marteau sur la cheville voisine en montant.

7eme Op. Placez l'étouffoir deux cordes au-dessus.

8eme Op. Accordez la cheville sur laquelle vous avez mis le marteau, unisson des deux précédentes.

9eme. Op. Accordez de suite la cheville voisine en montant, répondant à la touche qui suit la précédente accordée; accordez, dis-je, sur son octave inférieure.

10eme. Op. Placez ensuite le marteau sur la cheville voisine en montant; (cette opération répond à la troisième), etc.

Pour les basses.

1ere. Opération. Placez l'étouffoir entre les deux cordes les plus basses des trois dissonantes les moins éloignées du *medium* supposé d'accord.

2eme. Op. Accordez la plus haute des trois par le moyen de son octave supérieure.

3eme. Op. Placez ensuite le marteau sur la cheville qui suit en descendant.

4eme. Op. Placez l'étouffoir une corde au-dessous.

5eme. Op. Accordez la cheville sur laquelle vous avez mis le marteau, unisson de la précédente.

6eme. Op. Placez le marteau sur la cheville qui suit en descendant.

7eme. Op.	Placez l'étouffoir deux cordes au-dessous.
8eme. Op.	Accordez la cheville sur laquelle vous avez mis le marteau, unisson des deux précédentes.
9eme. Op.	Accordez de suite la cheville voisine en descendant, répondant à la touche au-dessous, sur son octave supérieure.
10eme. Op.	Placez ensuite le marteau sur la cheville qui suit en descendant; (cette opération répond à la troisième, etc. Enfin, pour l'accord de la touche la plus haute des dessus, suivez les huit premières opérations qui viennent d'être indiquées pour les basses; et pour l'accord de la dernière touche des basses, suivez les huit premières opérations indiquées *idem* pour les dessus. (1)

(1) Si l'on veut, sur les pianos à trois cordes, faire usage du moyen de plusieurs étouffoirs pour accorder la partition sur une seule corde, ainsi que nous l'avons indiqué à la suite des deux premières formules, chapitre VII, pour les piano à 2 cordes, on le pourra, en s'y prenant de la manière suivante :

On placera autant d'étouffoirs qu'il y a de demi-tons ou de touches dans l'espace que nous y avons désigné, ce qui porte la quantité d'étouffoirs nécessaires pour ces instrumens-ci, à dix-huit ou dix-neuf, au lieu de dix.

Ces étouffoirs doivent être placés entre la corde la plus haute d'une touche et la plus basse de la touche voisine

Quant au grand Piano en forme de clavecin, on n'a pas besoin d'étouffoir pour séparer les cordes : le clavier qui tient au mécanisme des marteaux, est construit de manière qu'on peut le faire mouvoir sur son plan de gauche à droite d'environ un demi pouce, soit par l'action d'une pédale, soit avec les mains : les marteaux qui suivent l'impulsion qu'on donne au clavier sortant ainsi de leur à-plomb, arrivent à un point où ils ne peuvent plus frapper qu'une corde; (ce mécanisme a lieu dans le grand piano à deux cordes comme dans celui à trois cordes); c'est donc en usant de ce moyen dans l'un ou dans l'autre de ces instrumens, qu'on sépare chaque corde pour procéder à l'accord, soit partiel, soit général. Les chevilles qui, dans ces pianos, sont

---

en montant. Les dix-huit ou dix-neuf étouffoirs étant ainsi rangés, la corde du milieu de chaque touche reste seule libre, et c'est en accordant cette corde de chaque touche, suivant les principes indiqués dans l'une ou l'autre des deux formules, qu'on peut établir la partition.

Pour accorder ensuite les unissons des touches qui l'ont déterminée, on commencera par ôter l'étouffoir le plus haut. Par ce moyen, on rendra libre l'unisson supérieur de la plus haute corde étouffée : on accordera cet unisson : on ôtera l'étouffoir suivant ; alors l'unisson inférieur de cette même corde, et aussi l'unisson supérieur de celle qui la suit en descendant deviendront libres. On accordera donc dans le même ordre ces unissons, et agissant ainsi successivement jusqu'à la touche la plus basse de celles qu'on avoit étouffées, la partition sera achevée, et les trois cordes des touches qui la composent seront accordées.

rangées sur le même alignement que le clavier, sont ordinairement marquées comme sur les petits pianos ; D'ailleurs, elles sont aisées à distinguer. D'abord, à cause des plus grandes dimensions de cet instrument, et ensuite à cause de la proximité établie entre les chevilles et les marteaux, ainsi que par la régularité de leur alignement perpendiculaire ou à angle droit sur le clavier. Ces renseignemens sont plus que suffisans pour appliquer à ces sortes d'instrumens les divers procédés d'accord contenus dans ce traité.

Quant au clavecin, quoiqu'on semble l'avoir, pour ainsi dire, abandonné, il en existe encore de si bons, que je ne crois pas inutile de dire quelques mots sur la manière de procéder à l'accord de cet instrument. 1°. S'il n'y a qu'un clavier, et par conséquent deux cordes par touche, on sépare une des deux cordes par le moyen d'un registre qui déplace toute une rangée de sauteraux : alors on accorde l'autre suivant le besoin, soit partiellement, soit dans toute l'étendue du clavier, d'après les principes que j'ai exposés. Ensuite, remettant le registre, on accorde l'autre rangée à l'unisson de la première ; on commence ordinairement par la touche la plus haute des dessus.

2°. S'il y a deux claviers, on commence par accorder, suivant les circonstances, le second ou petit clavier qui est le plus élevé des deux, et qui ne fait mouvoir qu'une rangée de santereaux, ensuite séparant, par le moyen du registre, une des deux rangées de cordes du premier ou grand clavier, s'il en fait mouvoir deux par touches, on accordera l'autre rangée à l'unisson du petit clavier, et touche par touche (le grand clavier fait mouvoir le petit); replaçant ensuite le registre, on accordera la troisième rangée de cordes à l'unisson des autres et de la même manière. Quant aux chevilles, elles sont si aisées à reconnoître à cause de la proximité des sautereaux, qu'on néglige de les indiquer par des lettres initiales; la seule attention que les facteurs de clavecin ont eu, c'est de disposer toutes les chevilles de chaque jeu sur deux alignemens parallèles très-rapprochés l'un de l'autre, et de les placer sur ces alignemens dans le même ordre que sont placées, sur le clavier, les touches blanches et les touches noires, de sorte qu'avec un peu d'habitude, on tronve aussi facilement et aussi promptement un *ut* parmi les chevilles que sur le clavier.

CHAPITRE IX.

Instructions pratiques sur la maniere de placer les cordes au Piano.

JE crois devoir finir ce traité par quelques instructions sur la manière de mettre les cordes : c'est, de toutes les réparations dont peut s'occuper un amateur pour son piano, la plus simple et la plus utile, en ce que l'occasion s'en présente assez fréquemment. Je pense donc que quelques personnes, sur-tout celles qui vivent à la campagne, seront bien aises de trouver ici les détails suivans, qui les mettront à même de procéder en l'absence des facteurs, à ces réparations ; je m'occuperai principalement, dans ces détails, du piano-forté de forme ordinaire, qui est l'instrument qui exige le plus de soin : on distinguera aisément ce qui deviendroit inutile pour le grand piano ou pour le clavecin.

S'il s'agit de remettre une corde neuve, relevez d'abord la rangée des étouffoirs qui est ordinairement à charnière, et fixez-là de manière qu'elle ne puisse retomber pendant que vous remettrez la corde. Choisissez une bobine du numéro convenable à l'octave dans laquelle la corde manque. Quelques facteurs indiquent les numéros sur la table d'harmonie même de leurs pianos et à côté des chevilles.

Celles marquées o o o sont pour les 7 à 8 touches les plus basses, et sont ordinairement filées.

Celles marquées oo et o pour les 18 à 20 suivantes en montant.

Celles marquées. . . 1 pour les 10 à 12 suivantes.

id. id. . . . . 2 pour les 10 à 12 suivantes.

id. id. . . . . 3 ou 4 pour les plus hautes. Au reste, les numéros varient suivant les fabriques : et le plus sûr quelquefois, est d'examiner la grosseur des cordes voisines de celle qu'on veut remettre pour qu'elle les assortisse parfaitement.

Déroulez de cette corde à-peu-près deux pouces de

long (1) (indépendamment de ce qui a été plié dans les petites rainures de la bobine, et que vous couperez comme ne pouvant plus servir); ayez grande attention, en déroulant et en coupant, de bien contenir de la main gauche le rouleau de la corde tenant à la bobine. Repliez cette longueur d'environ deux pouces, entre le pouce et l'index de la main gauche, de manière que le bout croise un peu en-dessous de la corde et entre vos doigts. Vous ferez ensuite passer dans l'espèce de rosette que forme alors cette partie de la corde, le crochet du marteau (*O fig.* 3), et vous tournerez le marteau très-serré de gauche à droite en appuyant ferme le pouce gauche sur le doigt voisin (le plus près de l'ongle possible) pour contenir l'espèce de petite corde double que le marteau forme par ce moyen. Céla fait, et en contenant toujours le reste de la bobine par le creux de la main gauche, vous placerez la rosette de cette petite corde double au clou sans tête (qu'on appelle, en terme de l'art, *pointe*

(1) Cette longueur de corde doit varier, de même que celle de la petite rosette qu'elle doit former, à raison de l'éloignement qu'on appercevra entre la pointe du sommier, et l'autre petite pointe où s'appuie la corde entre les petits marteaux des étouffoirs : vers les dessus, cette distance est très-petite; il faut donc que la rosette soit proportionnée à ces diverses distances, afin que dans aucun cas elle n'excède cette autre petite pointe qui sert de chevalet à la corde, il est encore bon, pour assurer l'effet de cette rosette, d'en replier le bout sur lui-même, d'une ou deux lignes quand elle est finie; ce procédé vaut mieux que de couper de trop près l'excédent du bout de la corde.

du sommier), correspondant à la place de la corde qui manque; ensuite vous déroulerez encore un peu la corde avec précaution, de manière qu'elle s'appuie contre un autre clou ou pointe, placé entre les petits marteaux qui sont destinés à faire lever les étouffoirs : (en regardant comme sont arrangées les cordes voisines entre les étouffoirs, vous arrangerez aisément de même la nouvelle); cela fait, vous continuerez de dérouler la corde jusqu'en-delà des chevilles, et assez pour qu'il y ait un excédent de longueur d'au moins 8 à 9 pouces à l'endroit où on place la cheville à laquelle elle est destinée. Alors vous replacerez le restant de la corde dans la rainure de la bobine pour pouvoir le séparer de la partie destinée à faire la nouvelle corde : en coupant, vous aurez encore attention à la contenir pour qu'elle ne prenne pas de mauvais plis pendant le peu de temps que vous serez obligé de la quitter. Faites en sorte que le restant de la corde tenant à la bobine, ne puisse pas se dérouler puis, détachant la cheville avec le marteau, en tournant comme si vous vouliez la dévisser, et en la tirant en même - temps perpendiculairement en dehors, vous la prendrez de la main gauche par la tête, et de la main droite vous ferez passer la corde eu la reprenant avec précaution par-dessus le milieu de la cheville, en rentrant du dehors au dedans, et à trois pouces environ de distance du bout, en la tendant en même - temps le plus possible; vous l'entortillerez ainsi avec précaution et force autour de la cheville, en repliant l'extrémité de la corde sur la longueur de la cheville, de manière qu'elle puisse être contenue par le pouce gauche pendant les premiers tours. Vous tournerez, dis - je, du *dehors* au *dedans* et horisontalement en tenant la tête de la cheville dans la main gauche, jusqu'à ce que vous soyez arrivé à la distance à-peu-prés juste et près de l'endroit où on place la cheville ; alors vous observerez, vers la moitié de la longueur de la corde, sur la table d'harmonie, un chevalet contenant autant de petits cloux sans tête qu'il y a de cordes, et distinguant parmi les cloux celui qui doit être destiné à la nouvelle corde, vous y appuierez ladite corde ; ensuite tenant la cheville (préparée comme nous l'avons dit), appuyant le doigt du milieu de la main gauche bien ferme sur la corde, à l'endroit où elle touche la cheville, et faisant en même-temps force du bras gauche pour la tendre vers les rangées, vous placerez ainsi cette cheville dans son ouverture ; là, vous l'enfoncerez d'abord légèrement en frappant de la main droite avec un des côtés du marteau sans cesser de bien appuyer de la main gauche sur la cheville ; puis, la prenant avec la partie creuse *a* de cet outil pour tendre un peu la corde, vous pourrez suspendre momentanément l'action de la main gauche : mais vous la replacerez bientôt à sa première position pour pouvoir enfoncer de nouveau et un peu plus avant la cheville, à l'aide d'un des côtés du marteau (*b fig.* 3) en agissant ainsi alternativement à trois quatre reprises, ce sera assez pour pouvoir abandonner tout-à-fait la cheville de la main gauche ; alors faisant mouvoir la touche vous l'accorderez aisément. Si la corde lâchoit, il faudroit voir si cela vient de la rosette qui se dérouleroit, ou de la cheville autour de laquelle la corde auroit été tournée trop lâche : dans l'un ou l'autre cas, il faudroit recommencer le procédé qui n'auroit pas été suffisamment observé.

Quelquefois on peut raccommoder une corde cassée au lieu d'en mettre une nouvelle, c'est sur-tout lorsque la corde est cassée tout près de la petite rosette formée par le marteau, et qui est à l'extrémité opposée aux chevilles : il est encore nécessaire, pour pouvoir espérer ce raccommodage, que le restant de la corde n'ait pas été tortillé ni froissé, il faut aussi qu'il en reste assez autour de la cheville pour suppléer au bout qui manque, et pour entourer la cheville trois ou quatre fois : si ces trois circonstances se réunissent lorsqu'une corde est cassée, on peut espérer de la raccommoder. Pour cela, commencez par faire la rosette au bout de la corde cassée : relevez les étouffoirs comme il est dit au commencement de ce chapitre; ensuite ôtez, avec une petite pince ou des ciseaux, la vieille rosette de la corde cassée : cela fait, dévissez la cheville de la corde cassée en tendant toujours avec la main gauche la corde vers le clou où elle doit être accrochée : évitez que cette corde ne prenne dans sa longueur aucun nœud qui la feroit casser : une fois bien accrochée au clou, ôtez tout-à-fait la cheville, achevez d'en ôter la corde en déroulant bien exactement dans le sens qu'elle étoit roulée pour qu'elle ne puisse prendre aucun faux pli. Après cela, replacez-la autour de la cheville, et agissez ainsi qu'il est indiqué ci-dessus pour remettre les cordes neuves.

Les facteurs de piano-forté sont dans l'habitude de placer, entre le chevalet et les chevilles de cet instrument, une bande d'écarlate qui entrelace horisontalement la superficie des cordes et qui est rangée dans le sens des chevilles. Lorsque vous remettez une corde neuve ou lorsque vous en raccommodez une qui étoit cassée, il est inutile que vous vous assujettissiez à faire passer cette corde sous ce ruban d'écarlate, quand même vous auriez observé que celle qu'elle remplace auroit été dans cette position; la raison en est qu'il est indifférent pour l'effet que le facteur s'est promis que, sur la totalité des cordes, quelques-unes de plus ou de moins se trouvent placées sur ce drap au lieu d'être au-dessous.

Les explications contenues dans les divers chapitres qui précèdent, devant remplir le but de cet ouvrage, je ne leur donnerai pas une plus grande extention, et j'ose espérer qu'elles satisferont les amateurs qui voudront en faire usage; je n'ai rien négligé pour les rendre claires et précises: j'y ai travaillé avec d'autant plus de plaisir, qu'aimant passionnément la musique, ayant depuis longtemps recherché et analysé les principes et les effets de cet art, ayant, de plus, fait une étude particulière du piano, j'ai pensé que ces connaissances et cette expérience ne pouvoient que rendre utile le développement de mes idées sur la théorie de l'accord de cet instrument, qui tient immédiatement à celle du véritable système musical. Je laisse à mes lecteurs, à qui je fais hommage du zèle qui m'a guidé, à juger si j'ai trop présumé de mes moyens.

FIN.

TABLE
DES CHAPITRES.

Fin de la Table.

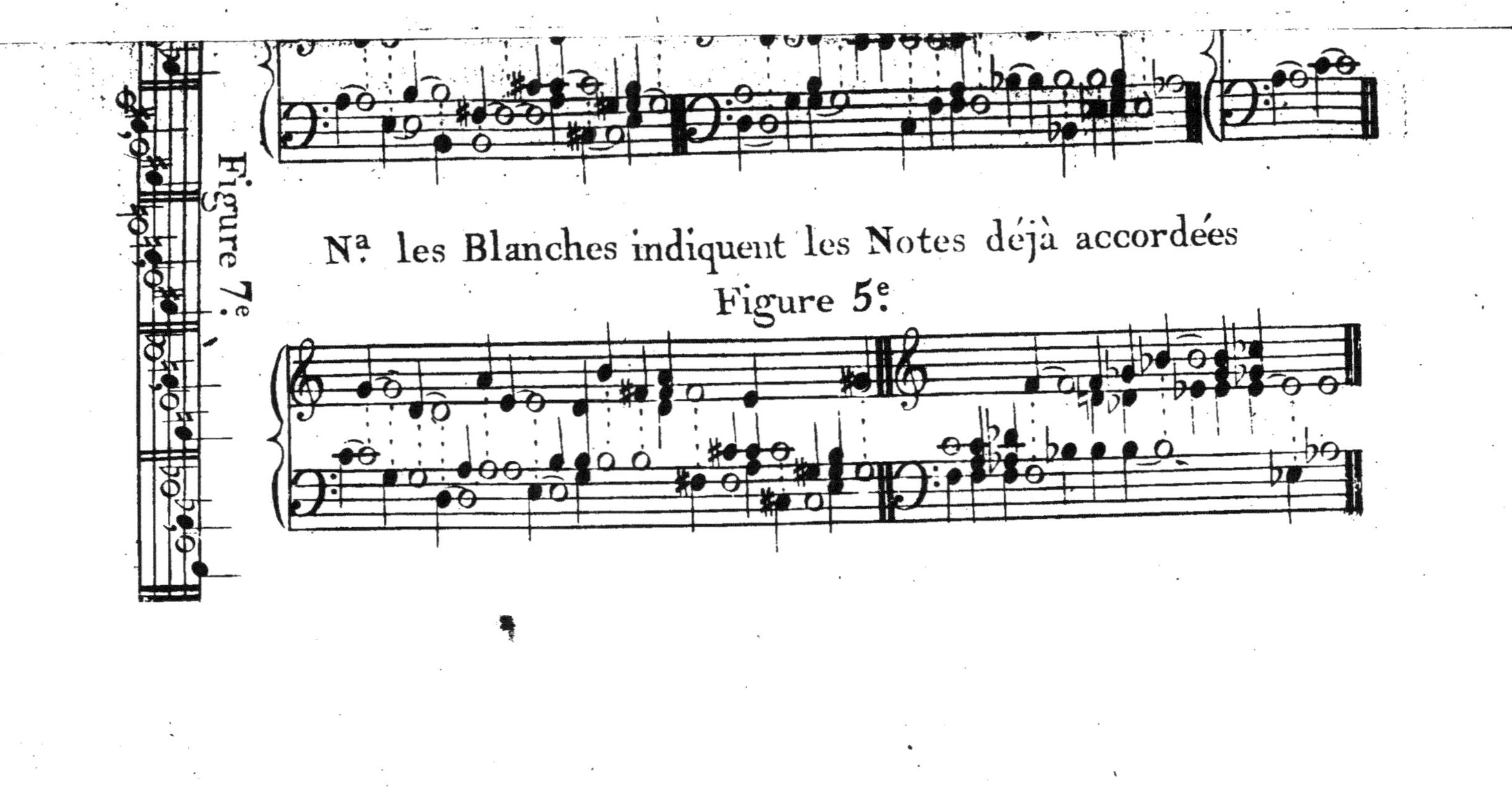
Nª. les Blanches indiquent les Notes déjà accordées
Figure 5e.
Figure 7e.

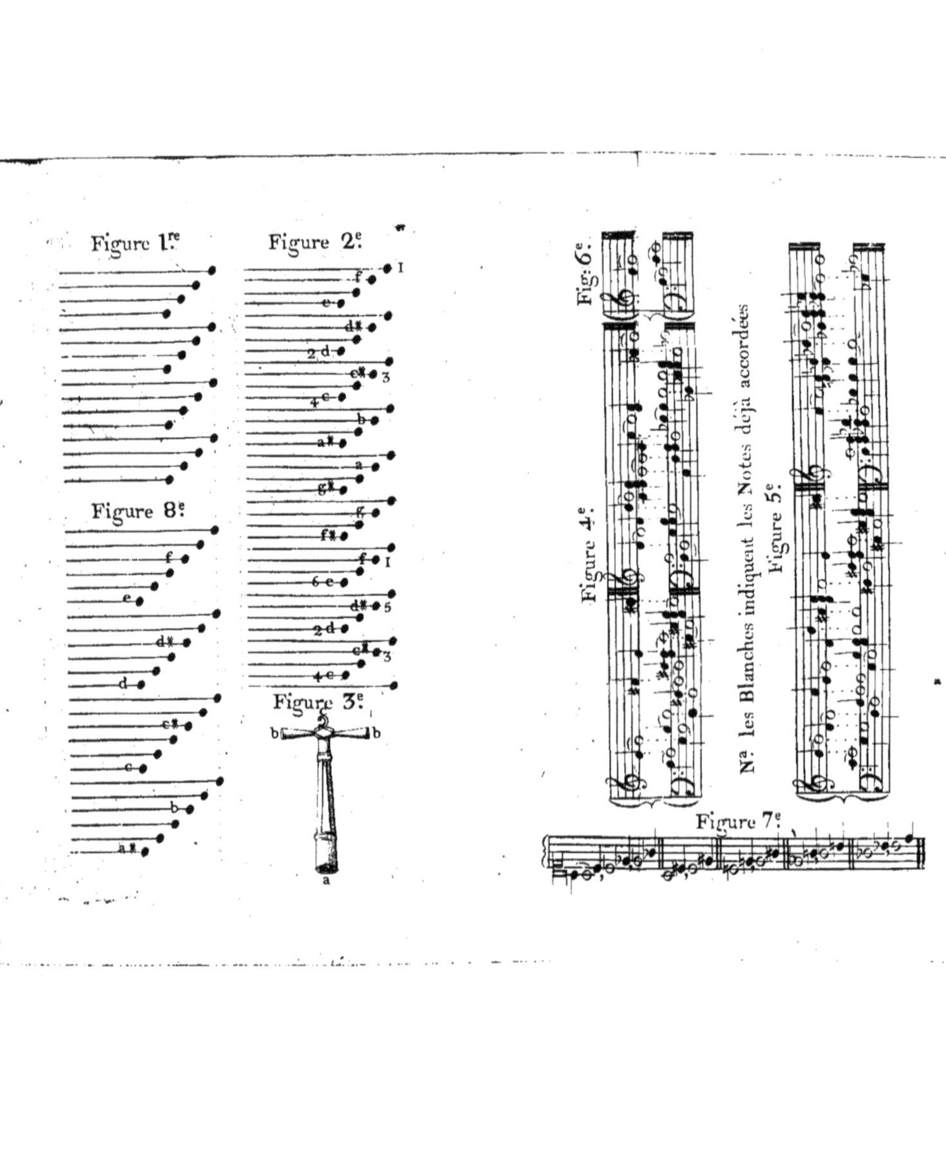

Figure 1re
Figure 2e
Figure 8e
Figure 3e
Fig: 6e
Figure 4e
Nª. les Blanches indiquent les Notes déja accordées
Figure 5e
Figure 7e

Nihil obstat.

Parisiis, die 17ª martii 1920.

J. André.

IMPRIMATUR

Parisiis, die 23ª martii 1920.

G. Lefebvre,
vic. gen.

LA PROPHÉTIE DES PAPES

dite de saint Malachie

ET LA GRANDE GUERRE

La grande guerre mondiale, en vérifiant une fois de plus la très antique prophétie attribuée à saint Malachie, vient de lui donner un regain d'actualité.

On sait que la célèbre prédiction énumère très brièvement, en deux ou trois mots caractéristiques pour chacun, toute la suite des papes depuis Célestin II, en 1143, jusqu'à la fin des temps. Or, quoi de plus saisissant que le bref signalement qu'elle nous donne du règne actuel de Benoît XV : *la Chrétienté dépeuplée : Religio depopulata !* Vit-on jamais dans tout le cours des âges une hécatombe humaine si effroyable, où les morts et les mutilés se comptent par dizaine de millions, y compris des milliers de prêtres et de religieux ! L'Eglise du Christ a-t-elle jamais subi les ravages d'un tel fléau ? Et le fait pouvait-il être exprimé avec plus d'énergie ?

Depuis un siècle surtout, les coïncidences les plus frappantes entre le texte de la prophétie et les événements de l'histoire se sont accumulées au point de saisir d'étonnement les plus sceptiques.

Au lendemain de la Révolution, le saint pape Pie VI est chassé de ses Etats et va mourir en exil à Valence (1799). Or, le prophète le désigne sous le nom de *Peregrinus apostolicus* ou de *Voyageur apostolique.*

Après lui, Pie VII, que l'aigle triomphant de Napoléon enlève dans ses serres puissantes et transporte jusqu'à Fontainebleau, est désigné de ce mot tragique : *Aquila rapax : l'Aigle ravisseur.*

Quelques années après, l'élection de Grégoire XVI amène de Balnes, en Etrurie, sur le trône pontifical un membre illustre de l'Ordre des Camaldules que la même prophétie avait à l'avance désigné de ces simples mots : *De Balneis Etruriæ.*

Puis, c'est le pontificat de Pie IX, véritable crucifié, dépouillé du pouvoir temporel et descendu de la croix par la persécution de cette maison de Savoie dont l'emblème héraldique est encore la croix : *Crux de cruce.*

Puis, c'est une lumière annoncée dans le ciel : *Lumen in cœlo.* A ce signe, nous avons reconnu à l'avance l'élection du cardinal Pecci, dont les armoiries de famille portent un astre lumineux s'élevant dans le ciel. Et depuis, Léon XIII, par ses immortelles Encycliques, notamment sur la *Philosophie de saint Thomas* et sur la *Condition des ouvriers,* n'a cessé de répandre sur le monde des lumières vraiment incomparables, qui confirment admirablement la vieille prophétie.

Puis, c'est Pie X, dont la flamme apostolique et le feu dévorant, *Ignis ardens*, n'a pas eu le temps de réaliser tous ses vastes desseins, étant mort de douleur en voyant éclater la conflagration d'une guerre européenne qui devait embraser l'univers entier.

Enfin, c'est Benoît XV qui arrive pour régner sur une chrétienté dépeuplée et dévastée par le fléau d'une guerre inouïe, et pour panser ses innombrables blessures : *Religio depopulata.*

Cet abrégé de la célèbre prophétie depuis la Révolution jusqu'à ce jour doit nous faire désirer de la connaître davantage. Aussi allons-nous essayer d'en faire brièvement *l'historique*, de signaler loyalement les *objections* qu'on lui a opposées, et de montrer enfin, d'un coup d'œil rapide, *sa réalisation* au cours des siècles. Notre conclusion sur sa valeur et la créance qu'elle mérite en découlera spontanément.

Dans tout le cours de cette étude, nous résumerons aussi impartialement que possible ce qui a été dit avant nous, sans aucune prétention à dire rien de bien nouveau, car tout a été dit depuis trois siècles pour ou contre la valeur de la célèbre prophétie.

Nous mettrons seulement dans la balance de la critique historique un fait nouveau, celui de la réalisation inattendue des devises prophétiques pour tous les papes du

XIXe siècle jusqu'à nos jours, fait capital que les critiques des XVIIe et XVIIIe siècles ne pouvaient assurément prévoir, et de nature à réformer plusieurs de leurs jugements.

Après un fait nouveau de cette importance, tout condamné a le droit de faire appel à un tribunal nouveau.

I

Rapide historique de la prophétie

L'histoire de cette prophétie peut être résumée en trois questions : Quelle est sa *date* ? Quel est son *auteur* ? Enfin quel *accueil* elle a reçu dans le cours des siècles, soit auprès des fidèles et de leurs pasteurs, soit auprès des penseurs et des savants ?

❊

Tout d'abord, au sujet de toute prophétie, la critique historique doit s'enquérir de sa véritable *date*, puisque la preuve de sa réalisation en dépend.

Or, ce qu'il y a de certain et hors de conteste parmi les adversaires comme parmi les partisans de cette prophétie, c'est qu'elle a été imprimée, pour la première fois, à Venise, en 1595, par le célèbre Bénédictin Arnold de Wion.

Ce savant religieux était né à Douai, le 13 mars 1554. Il avait pris l'habit monastique à l'abbaye d'Ardenburg, près de

Bruges, mais les troubles qui désolèrent sa patrie, vers 1577, l'exilèrent à Padoue dans une Congrégation qui dépendait du Mont-Cassin. C'est là qu'il passa le reste de sa vie partagée entre la prière et l'étude. Il y mourut dans les premières années du XVIIe siècle, avec l'auréole de savant érudit et d'excellent religieux.

Parmi les nombreux ouvrages qu'il a publiés, nous nous contenterons de citer celui où se trouve la prophétie des Papes. Il a pour titre : *Lignum vitæ, ornamentum et decus Ecclesiæ*, en 2 vol. in-4°.

Cet ouvrage fut appelé par son auteur *Lignum vitæ* ou *Arbre de vie*, parce qu'il retrace la vie de tous les personnages qui illustrèrent l'Ordre de Saint-Benoît. Arrivé, au livre second, à saint Malachie, évêque Bénédictin de Down, en Irlande, il décrit rapidement sa vie et reproduit tout au long la célèbre prophétie des Papes qui lui est attribuée, en y ajoutant le bref commentaire d'un illustre Dominicain espagnol de cette époque, le P. Alphonse Chacon, connu dans les lettres sous le nom de Ciacconius.

Arnold de Wion explique sa publication en disant qu'il en a découvert le texte dans un vieux manuscrit, « et comme il est court et n'a jamais été imprimé, que je sache, et comme beaucoup désirent le connaître, je l'ajoute à cet ouvrage ». (1)

---

(1) ... *Quæ, quia brevis est et nondum, quod sciam, excussa, et a multis desiderata, hic a nobis apposita est.*

Cependant, sans en connaître le texte exact, beaucoup de gens devaient auparavant connaître l'existence de la célèbre prophétie, puisqu'à tort ou à raison, on l'attribuait généralement à saint Malachie. Des copies, plus ou moins rares, en devaient aussi circuler dans les milieux érudits ou chez quelques privilégiés.

Ainsi un commentaire publié à Ferrare, en 1794, signale l'existence, au couvent des Olivétains de Rimini, d'une copie de la prophétie antérieure au XVIe siècle. Malheureusement, elle a disparu dans les tourmentes révolutionnaires et nous ne possédons plus aujourd'hui aucun manuscrit antérieur à la publication d'Arnold de Wion. La question de la véritable date de la prophétie, privée de tels documents, ne peut plus se résoudre que par des voies indirectes.

Quoi qu'il en soit, l'existence de la prophétie des Papes, au moins depuis 1595, c'est-à-dire depuis plus de trois cents ans, est incontestable aux yeux de tous. Que si l'histoire démontrait son accomplissement constant au cours de ces trois derniers siècles, ce serait une preuve éclatante — quoique indirecte — de sa véracité, et partant de l'antiquité qu'elle s'attribue elle-même, en commençant ses prédictions au pape Célestin II, en 1143, c'est-à-dire dans la première moitié du XIIe siècle, probablement, sous Innocent II, son prédécesseur sur le trône pontifical.

L'inspiration démontrée d'une moitié de la prophétie suffirait, en effet, à prouver l'inspiration de l'autre moitié et du prophète lui-même.

*

Après la date de la composition de la prophétie, vient la question de son *auteur*. Arnold de Wion en la publiant rapporte comme un *on dit,* « *scripsisse fertur* », et sans le garantir, qu'elle est de saint Malachie. Il nous garantit du moins que telle est la tradition qui s'est perpétuée jusqu'à lui. Mais quelle était la valeur de cette tradition orale ? C'est ce qu'il nous est fort difficile de démêler, en l'absence de tout document écrit y faisant allusion.

Saint Malachie, archevêque d'Armagh et primat d'Irlande, fut le premier saint que l'Eglise ait canonisé dans les formes solennelles. Il était né, en 1094, à Armagh en Irlande, d'une famille très chrétienne et très honorable.

Son ami, saint Bernard, abbé de Clairvaux, a écrit sa vie dans un admirable petit opuscule où l'on apprend comment un saint sait parler d'un saint (1). On y lit que, dès sa première jeunesse, Malachie dépassa tous ses condisciples en science et en vertu ; qu'après avoir fait ses débuts dans la vie monacale sous la direction d'un saint ermite nommé Ismar, son évêque, frappé de la sainteté de ce jeune homme, l'ordonna diacre, et puis prêtre à l'âge de 25 ans, c'est-à-dire avant l'âge canonique à cette époque. Puis il acheva de s'instruire sous

---

(1) S. BERNARD, *De vita S. Malachiæ.*

la direction d'un pieux évêque de la province de Munster, renommé pour sa science.

Il devint ensuite précepteur d'un prince de Munster, puis Abbé du célèbre monastère de Banchor, qu'il fut assez heureux pour restaurer et réformer, puis évêque de Connor, et enfin transféré sur le siège de saint Patrice, à Armagh.

Dans tous ses travaux apostoliques, notre saint fit éclater les dons surnaturels les plus merveilleux, même le don des miracles et des prophéties qui le rendront le plus populaire des saints de l'Irlande.

Sa réputation franchit les mers, et l'accompagne pendant son pèlerinage à Rome, en 1139, où le pape Innocent II l'accueille comme un saint et comme un frère, et le comble d'honneur. C'est à son retour de Rome en Irlande qu'il s'arrête à Clairvaux où il se lie d'amitié avec saint Bernard, et c'est dans les bras de ce saint ami qu'il reviendra mourir saintement quelques années après, le 2 novembre 1148. Il n'avait que 54 ans.

Tel est le saint populaire auquel la tradition ou la voix des peuples a attribué la célèbre prophétie des Papes. S'il est vrai qu' « on ne prête qu'aux riches », reconnaissons qu'un tel choix se justifie soit par la date de la première moitié du XIIe siècle, où vécut saint Malachie, soit par les dons prophétiques dont s'était illuminée l'auréole du saint.

Est-ce une raison suffisante pour croire que la prophétie des Papes est vraiment de saint Malachie ? Il est clair que non. *Saint*

Malachie en eût été bien capable ; c'est tout ce que nous pouvons en conclure.

L'ouvrage de saint Bernard, premier biographe de saint Malachie, — tout en appuyant à diverses reprises sur les dons merveilleux de ce saint, spécialement sur ses prophéties, dont il cite quelques-unes (*pauca de pluribus*), — ne fait aucune allusion à la prophétie des Papes — et ce silence est encore un argument très sérieux pour nous en tenir rigoureusement à cette conclusion, sans la vouloir dépasser (1).

Aussi bien, il importe peu à la valeur de cette prédiction qu'elle ait pour auteur saint Malachie lui-même ou quelque autre saint inconnu. Il nous suffit qu'elle vienne de l'Esprit de vérité, de Celui dont l'intelligence infinie voit tout et peut seul prévoir l'avenir.

Disons mieux encore. En dehors de nos Saints Livres, qui, pour des raisons spéciales, devaient avoir des noms d'auteurs, nous préférons de beaucoup une prophétie sans nom d'auteur, anonyme ; elle paraît ainsi plus clairement tombée du ciel, qu'une prophétie signée, paraphée d'un nom d'homme, et, par là, trop semblable au reste des œuvres humaines.

Les œuvres les plus évidemment inspi-

---

(1) Cependant ce silence peut s'expliquer. Il faut le recul du temps et même de plusieurs siècles pour bien comprendre cette prophétie. A l'époque de S. Bernard, elle devait paraître inintelligible et sans aucun intérêt. Nouvelle preuve que la rédaction de ce document dépasse le génie humain.

rées furent ordinairement des œuvres anonymes. Témoin l'*Imitation de Notre-Seigneur Jésus-Christ*, dont les plus grands érudits discutent encore l'origine ; témoin ces merveilleuses cathédrales gothiques, surgies du sol par le génie d'architectes inconnus qui n'ont jamais voulu graver leur nom dans la pierre de leurs œuvres immortelles ! Le premier auteur en est Dieu : cela doit nous suffire : *Soli Deo omnis honor et gloria !*

*

Pour compléter ce rapide historique de la prophétie des Papes, il nous faut ajouter comment elle *fut accueillie* depuis sa publication en 1595, soit par les fidèles et leurs pasteurs, soit par les savants catholiques et protestants, pendant les trois derniers siècles.

Il est incontestable que l'impression et la diffusion rapide de ce document souleva dans tous les milieux et les pays les plus divers, non seulement un profond sentiment de curiosité et d'étonnement, mais encore de respect et de vénération. Placé sous le patronage et le nom d'un des saints les plus populaires et les plus connus par ses voyages à Rome et en France, son autorité paraissait indiscutable et personne alors ne songeait à la discuter.

Mais ce qu'il y a de plus remarquable, c'est que l'autorité ecclésiastique, si sévère à l'égard de toutes les nouveautés, soit en matière de doctrine, soit encore en fait de miracles et de prophéties, non seulement ne s'arma pas des foudres de ses censures pour combattre ou enrayer ce mouvement général de vénération de la part des fidèles, mais pour le moins le couvrit de sa haute tolérance, et parfois même de sa bienveillance.

Cependant, le Ve Concile de Latran (1516) avait prononcé la sentence d'excommunication contre tous les prédicateurs qui publieraient des prophéties nouvelles, notamment sur l'antéchrist et la fin du monde. Le saint Concile de Trente (1545-1563) avait attaqué ces graves abus non seulement chez les prédicateurs, mais encore chez tous les propagateurs de nouveaux miracles ou de nouvelles prophéties non revêtues de l'approbation formelle de l'autorité ecclésiastique.

Cette très sévère législation était en vigueur en 1595, sans les adoucissements qu'y apportèrent plus tard soit le décret d'Urbain VIII du 13 mars 1625, confirmé par sa Bulle du 5 juillet 1634, soit la nouvelle constitution apostolique de Léon XIII sur l'interdiction et la censure des livres, publiée en 1897.

Or, nous ne voyons aucune condamnation portée ni à Rome par le Saint Office, ni dans aucun diocèse par les évêques, soit contre la publication d'Arnold de Wion, soit contre les reproductions ou les nombreux commentaires qui se succédèrent pendant les trois siècles suivants. Même les évêques qui, personnellement, doutaient de l'authenticité de la prophétie ou la rejetaient ouvertement n'ont jamais prononcé contre elle de condamnation officielle.

Ce fait, qui nous paraît très remarquable, ne peut guère s'expliquer que par la persuasion universelle de l'antiquité de cette prophétie, remontant au XIIe siècle, et échappant ainsi aux censures portées seulement contre les prophéties « nouvelles ». Ni Arnold de Wion, ni ses émules ne pouvant être considérés comme des novateurs, l'Eglise toléra leurs publications.

Bien plus, la simple tolérance s'est mué plus d'une fois en sympathie plus ou moins avouée. A l'ouverture des Conclaves, on a vu cardinaux et fidèles s'amuser gravement à tirer l'horoscope du futur Pape, à l'aide des fameuses devises de saint Malachie, et parfois réussir dans leur jeu.

Les nouveaux Papes eux-mêmes ne dédaignent pas l'application faite à leurs personnes de ces mêmes devises. Ainsi, par exemple, Clément X avec son cortège passe sous des arcs de triomphe où figure la devise que lui applique la prophétie : *De Flumine magno*. La médaille frappée à Rome pour l'élection d'Alexandre VIII reproduit sa légende prophétique : *Pœnitentia gloriosa*. C'est là un hommage public rendu au centre même de la catholicité à la célèbre prophétie.

D'autres pays imitent cet exemple, et l'on offre à Clément XI une médaille frappée en Allemagne, reproduisant la devise qui lui est prédestinée : *Flores circumdati*.

Quelques années plus tard, en 1782, lors du voyage à Vienne de Pie VI, on frappa des médailles en son honneur, portant la devise qu'il réalisait si bien : *Peregrinus apostolicus.*

Inutile de multiplier ces exemples : ils suffisent, croyons-nous, à montrer la large tolérance de l'Eglise, mêlée de respect et de vénération, pour une si antique prophétie. Si elle refuse d'approuver officiellement, elle refuse aussi de condamner.

En face de ce sage libéralisme de la Sainte Eglise, nous pourrions placer, par amour des contrastes, la sotte intolérance de la censure gouvernementale et laïque, qui, en 1822, interdisait le livre de l'abbé Gouazé, sur la prophétie de saint Malachie, imprimé à Toulouse, pour cette raison philosophique qui mérite de passer à la postérité : « Considérant, disait-on, que si une pareille prophétie était prise au sérieux comme elle le méritait, elle paralyserait l'activité humaine et ralentirait la marche du progrès social (? ! !) ». (1)

Le philosophe laïque qui a écrit cette phrase monumentale nous permet, par une transition toute naturelle, de passer à l'accueil fait à l'antique prophétie par les penseurs et les savants, soit catholiques, soit protestants.

❋

Cet accueil a varié notablement au cours des trois derniers siècles ; pour des raisons que nous aurons à expliquer, il a passé

---

(1) Cité par J. Maitre, *La prophétie des Papes*, p. 101.

— —

de la bienveillance à la défiance, puis à l'hostilité déclarée, pour revenir finalement à une attitude plus favorable.

Le siècle qui suivit immédiatement la publication de 1595 fut celui de la bienveillance mêlée de respect et de vénération.

Le premier commentaire, nous l'avons déjà vu, fut celui du célèbre Dominicain Ciacconius, publié par de Wion en même temps que la prophétie. Quelque critique d'ensemble ou de détails que l'on puisse faire de ce commentaire, il est clairement favorable à l'authenticité et à la véracité de la prophétie.

De même tous les commentaires suivants — il y en eut au moins six (1) — qui parurent jusqu'à Cornélius a Lapide, en 1626.

Ce célèbre Jésuite, Corneille La Pierre, professeur à Louvain et puis à Rome, et qui est regardé comme un des plus grands érudits de son Ordre, dans ses commentaires sur l'Apocalypse, s'appuie sur le témoignage de cette prophétie, comme sur une autorité incontestable, prouvée par la justesse de ses devises jusqu'à Clément VIII, suivant la démonstration déjà faite par Ciacconius.

---

(1) Les plus remarquables furent ceux du Dominicain italien Giannini, publié à Venise en 1601 ; d'un docteur en Sorbonne, Jean Boucher, en 1623 ; du Bénédictin espagnol Henriquez, auteur de plus de quarante ouvrages d'érudition, en 1623; d'un prêtre irlandais, Messingham, en 1624, etc. Tous favorables à l'authenticité de la prophétie.

De même, le vénérable Holzhauser (1613-1658), commentant l'Apocalypse, ne craint pas de s'appuyer sur la prophétie des Papes, déjà suffisamment vérifiée, comme sur un fondement solide.

Il nous faut arriver vers la fin du XVIIe siècle, en 1663, pour entendre la première note gravement discordante (1). C'est le P. Carrière, Cordelier d'Apt, en Provence, qui publie la première réfutation raisonnée de l'authenticité de la prophétie, dans son ouvrage : *Historia chronologica pontificum romanorum*, où il s'emporte jusqu'à des apostrophes méprisantes. Nous verrons plus loin ses objections et examinerons leur valeur ; contentons-nous ici de constater que le branle est donné à l'opposition qui pendant tout le XVIIIe siècle deviendra aiguë et systématique.

En effet, la critique historique vient de naître. Elle codifie d'abord très heureusement les règles de la sagesse antique ; mais par un abus facile à prévoir, elle verse bientôt dans l'hypercritique, et se fait un jeu de démolir tout ce qui n'est pas appuyé par un document. C'est alors qu'ont apparu, aux applaudissements des foules et des esprits superficiels les « dénicheurs » de saints et de prophètes.

Si l'absence de documents suffisait à prouver la fausseté d'une antique tradition,

---

(1) Cependant, en 1642, le P. Manriquez, de l'Ordre de Cîteaux, avait déjà émis en passant une simple conjecture contre le caractère surnaturel de ce document.

ici la critique serait aisée, et le P. Papebroch (1668), Jésuite et directeur de la célèbre publication des Bollandistes, aurait eu le droit d'écrire dans les *Acta sanctorum* (1) ces paroles triomphantes : « D'où Wion a-t-il tiré ce manuscrit ? Qui le lui a procuré ? Quelle en est l'antiquité ? Où le trouver aujourd'hui ? Avec quelle fidélité a-t-il été transcrit ? Mais Wion garde le silence sur tout cela ! »

— Sans doute, Wion ne pouvait avoir la pensée de satisfaire la curiosité des critiques des XVIIe et XVIIIe siècles. Son époque n'éprouvait pas ces préoccupations toutes modernes. Il n'est donc permis de conclure de son silence ni à sa mauvaise foi, ni à son ignorance ou à sa crédulité, ni à la fausseté du document publié. La science de l'éminent érudit Bénédictin et sa sainteté de religieux le mettent au-dessus de tout soupçon.

Nous pouvons seulement regretter qu'il ait omis de nous documenter sur son fameux manuscrit. Ce silence nous prive des arguments qui prouveraient sa valeur ; il ne prouve nullement sa fausseté. En conclure qu'il est faux n'est qu'un vice de logique. Papebroch aurait dû se contenter de conclure : *Nous ignorons*, sans avoir le droit d'ajouter : et *nous ignorerons toujours*, car la preuve d'une prophétie par sa vérification future est le secret de l'avenir.

---

(1) *Propylœum Maii*, p. I, app. 4.

La dissertation de cet auteur est d'ailleurs très courte. Au lieu d'approfondir son étude, il aime mieux renvoyer le lecteur à celle de Carrière sur ce « futile sujet ». On voit que Carrière a donné le ton et fait école.

Vingt ans plus tard environ (1689), apparaît un troisième adversaire de la prophétie, le P. Ménestrier, savant Jésuite comme le précédent, qui renforcera les arguments plutôt négatifs de Carrière et de Papebroch par une hypothèse historique, qu'aucun document n'appuie, mais dont l'ingéniosité séduisante fera le succès immense pendant plus d'un siècle. Il imagine que ces prétendues prophéties des Papes ont été forgées de toutes pièces au Conclave de 1590, par un partisan du cardinal Simoncelli — qui, du reste, ne fut pas élu. Ce cardinal étant d'Orvieto, en latin *Urbs vetus*, ou *Ville vieille*, le faussaire aurait imaginé la devise : *Ex antiquitate Urbis*, pour essayer de persuader au Sacré Collège qu'il était l'élu de Dieu.

Nous examinerons plus loin ce qu'il faut penser de ce naïf stratagème, qui d'ailleurs n'eut aucun succès auprès des cardinaux. Constatons seulement que c'est sur cette fragile hypothèse que s'appuie depuis lors — faute de mieux sans doute — la critique qui ose reprocher aux partisans de la prophétie des Papes de ne s'appuyer sur aucun document.

Du moins ceux-ci s'appuient-ils sur

d'autres faits certains, tels que la réalisation constante et ininterrompue de chaque devise prophétique par chaque pontificat, comme nous le montrerons plus loin.

Après ces trois principaux adversaires de la prophétie, en est-il paru d'autres vraiment originaux et apportant au débat quelque argument nouveau ? Nous ne le croyons pas.

L'abbé de Vallemont (1649-1721), aujourd'hui si souvent cité, dans ses *Eléments de l'histoire* et ses *Observations sur la prophétie des Papes*, ne fait guère que réchauffer et mettre en ordre les arguments déjà vus, et les continuateurs du *Grand Dictionnaire historique* de Moreri ne font que résumer les critiques du P. Ménestrier.

On peut affirmer que la critique la plus récente n'y a rien ajouté. Elle a, au contraire, passé au crible toutes les objections contre l'authenticité et la véracité du célèbre document et mis à jour leur caractère tout négatif et purement conjectural. Et tandis que cette faiblesse dans l'attaque devenait de plus en plus manifeste, l'accord répété et parfois étonnant des devises prophétiques avec les événements accomplis devenait de plus en plus frappant.

❄

Cette vérification constante au cours des siècles ne pouvait, en effet, manquer de produire tôt ou tard un revirement dans l'opinion publique, au moins dans les esprits que n'aveuglent pas le parti pris de l'incrédulité et la négation de tout surnaturel dans les affaires de ce monde.

Surtout après les premiers pontificats du XIXe siècle, après la réalisation du *Peregrinus apostolicus* par Pie VI, de l'*Aquila rapax* par Pie VII, du *Crux de cruce* par Pie IX, on vit apparaître des plaidoyers très érudits et parfois éloquents en faveur de la prophétie si dédaignée. Nous n'en pouvons citer que quelques-uns, ceux qui ont le plus contribué à cette conversion de l'opinion.

Les nouvelles éditions du *Dictionnaire historique*, si connu, de Feller, dès le début du XIXe siècle s'inclinent avec étonnement et respect devant la prophétie qui a pu annoncer, tant de siècles à l'avance, le *Peregrinus apostolicus.*

En 1810, Henrion, dans son *Histoire de la Papauté,* reproduit la prophétie en donnant à chaque Pape la devise qui le désigne, et admire « l'accord étonnant » entre la plupart d'entre elles et des circonstances remarquables de leur pontificat.

En 1844 et 1849, la *Nouvelle Revue de Bruxelles,* dans des articles très sérieux et très étudiés, prend la défense de la prophétie contre les objections courantes.

Vers 1866, Chantrel publie son *Histoire des Papes au moyen âge,* où il souligne les devises prophétiques qui désignent certains pontificats avec « une grande vérité et une grande énergie ».

Mais c'est surtout en 1871 que commence la discussion et la réfutation méthodiques des objections de la critique historique. L'abbé Cucherat, dans les numéros du 15 juin au 15 novembre de la *Revue du monde catholique*, publie une série d'articles très consciencieux et très érudits, tirés à part avec corrections et additions, en 1873, sous le titre : *La prophétie de la succession des Papes.*

Ce travail, très favorablement apprécié par la *Civilta cattolica*, *l'Echo de Rome* et la plupart des revues catholiques, inspirera et documentera la plupart des auteurs qui suivront. Ainsi, Mgr Fèvre dans *son Histoire apologétique de la Papauté*, Mgr Perriot dans l'*Ami du Clergé* (30 oct. 1895) et bien d'autres auteurs, reprendront à leur compte la plupart des arguments de l'abbé Cucherat.

Cependant, M. Ulysse Chevalier, dans son précieux *Répertoire des sources historiques du moyen âge* (Paris, 1877-1886), ne regardant plus, sans doute, comme « futile » pareil sujet, consacre un long article à la célèbre prophétie des Papes et ouvre aux chercheurs de nouvelles indications bibliographiques.

Ce sont ces indications qui ont orienté les recherches très érudites et très originales du dernier auteur que nous avons à signaler, et qui, jusqu'ici, n'a été dépassé ni même égalé dans cette étude de critique historique.

Nous voulons parler de M. l'abbé Joseph Maître, ancien élève du Séminaire français à Rome, docteur en philosophie et en théologie, licencié ès sciences mathématiques. Ses deux ouvrages principaux sont : *La prophétie des Papes* attribuée à saint Malachie, gros vol. in-12 de 864 pages, et celui qui le complète : *Les Papes et la Papauté*, d'après la prophétie attribuée à saint Malachie, vol. in-12 de 768 pages. Ils ont paru en 1901-1902 et ont été si rapidement épuisés qu'ils sont aujourd'hui presque introuvables (1).

Sans partager toutes les théories de l'auteur, notamment les relations, à notre sens trop étroites, qu'il suppose entre cette prophétie et l'Apocalypse de saint Jean, et bien d'autres hypothèses, nous sommes heureux de rendre hommage à son érudition hors pair, quoique un peu trop touffue, et à sa vigueur d'argumentation. De tous les travaux que nous avons consultés, c'est celui qui nous a servi davantage et auquel nous devrons le plus.

Tels sont les principaux ouvrages catholiques parus en France et plus ou moins ouvertement favorables à la prophétie des Papes. Nous en aurions pu citer bien d'autres, notamment en Italie et en Allemagne, même parmi les protestants. On dirait même que les protestants trouvaient intérêt à vanter la prophétie en interprétant faussement sa partie finale comme annonçant la chute de la Papauté et, par-

---

(1) Encore des exemplaires, nous dit-on, chez Lethielleux, Paris.

tant, le manque de pérennité de l'institution pontificale.

Ainsi, par exemple, dès 1677, nous voyons un pasteur protestant, Graff, de Marbourg, en Allemagne, répondre victorieusement aux objections de Carrière et prendre la défense de la prophétie contre ceux qui nient son authenticité.

En 1684, un autre protestant, J.-H. Heidegger, d'Amsterdam, dans son histoire haineuse de la Papauté, se montre favorable à la prophétie.

En 1706, Dan. Moller, né à Presbourg, de parents protestants, est partisan convaincu de l'authenticité. De même, Th. Grüger, à Wittemberg. De même encore, Th. Jœcher, en 1750, à Leipzig.

A Vienne, en 1868, le chanoine Jos. Ginzel répond aux objections du P. Ménestrier et avoue toute sa confiance en la prophétie.

En 1879, le célèbre professeur Harnack, tout en rejetant la valeur surnaturelle de la prophétie, la venge des soupçons de Weingarten qui accusait de Wion d'être un faussaire. Nous reviendrons sur ce soupçon calomnieux.

Ces quelques citations suffisent pour montrer la grande place qu'a occupée et qu'occupe encore de nos jours dans l'esprit des savants, même protestants, la fameuse prophétie des Papes. Elle a été le sujet de thèses de doctorat, d'articles dans les plus savantes revues et d'ouvrages les plus sérieux de critique historique. On ne l'appellera plus désormais, comme on le fit si légèrement au XVIIe siècle, un « sujet futile », et nous avons hâte d'en aborder la discussion.

II

Objections et réponses

Nous ferons grâce au lecteur des objections sur les miracles et les prophéties en général. Ceux qui nient à Dieu la puissance d'en produire en ce bas monde, Jean-Jacques Rousseau les a traités d'insensés, et nous les renvoyons aux notions élémentaires de la philosophie.

Quant aux croyants qui mettent en doute leur utilité ou leur opportunité, nous les renvoyons à saint Paul, qui compte la prophétie parmi les dons que le Saint-Esprit répartit encore à ses fidèles quand il lui plaît (1).

La première objection sérieuse soulevée contre la prophétie des Papes, c'est l'ignorance où nous sommes de la nature et de la valeur du manuscrit publié par de Wion, en 1595. Nous avons déjà entendu Papebroch se plaindre amèrement de cette absence de documents qui nous permet-

---

(1) *Alii quidem per Spiritum datur sermo sapientiæ, alii... « alii prophetia »... Hæc autem omnia operatur unus atque idem Spiritus, dividens singulis prout vult.* (*I Cor.* XII, 8-11.) — *Spiritum nolite extinguere. Prophetia nolite spernere. Omnia autem probate. Quod bonum est tenete.* (*I Thess.* V, 19-21.)

trait de juger nous-mêmes de l'antiquité et de la valeur de ce parchemin.

Certes — nous l'avons déjà reconnu — cette lacune est très regrettable. Cependant, elle n'est pas totale. Nous savons que de Wion a soumis le manuscrit qu'il avait découvert à l'un des plus grands érudits de l'époque, au célèbre Ciacconius — l'auteur du grand ouvrage *La vie et les actes des Papes et des cardinaux*, le savant le plus capable, à cette époque, de se prononcer sur la valeur de ce document — et que celui-ci, après mûr examen, l'a jugé digne de sa considération et de son étude, au point d'en faire lui-même un commentaire, montrant clairement la réalisation des devises aux Papes qui se succédèrent depuis Célestin II, en 1143, jusqu'à Urbain VII, en 1590 (1). C'est ce commentaire qu'a publié de Wion avec le texte de la prophétie, ajoutant ainsi à sa science propre l'approbation et l'autorité du grand savant Dominicain.

La prophétie est donc couverte par l'autorité des deux plus éminents savants du XVIe siècle, l'un qui est la gloire de l'Ordre de Saint-Benoît, l'autre de celui de Saint-Dominique. Elle fut aussi communiquée à d'autres savants, puisqu'au témoignage de Wion lui-même, nombreux furent ceux qui désirèrent la connaître, la posséder, *a*

(1) Ce fait permet de croire que le commentaire de Ciacconius fut terminé en 1590 et qu'en le publiant en 1595, de Wion ne se crut le droit d'y rien ajouter.

multis desiderata, et lui en conseillèrent la publication.

Voilà un fait capital, trop facilement oublié par les critiques, et qui jette une lumière éclatante dans une question obscure.

Pour voiler cette lumière, il faudrait soutenir que ces deux grands savants — qu'on ne peut traiter d'ignorants ou de crédules — de Wion et Ciacconius, sont des faussaires et d'odieux imposteurs.

Un seul auteur, croyons-nous, l'Allemand Weingarten, en 1857, a osé soupçonner la mauvaise foi de de Wion. Mais son coreligionnaire, le célèbre professeur Harnack, n'a pas eu de peine à lui démontrer que ses soupçons ne reposaient sur aucun argument sérieux, et que le caractère même de cet excellent religieux Bénédictin l'aurait rendu incapable de tromper ses lecteurs, même par manière de plaisanterie.

Du reste, si de Wion était un faussaire, Ciacconius serait le complice du faux, et c'est ici que nous touchons à l'invraisemblable.

A moins de dire que de Wion a inventé à la fois la prophétie et les commentaires qu'il attribue à Ciacconius, mais leur publication du vivant même de Ciacconius rend le fait impossible. Impossible d'imprimer dans un grand ouvrage destiné au monde lettré — sans s'exposer au démenti de ce savant et à la risée publique — un avertissement comme celui que nous lisons en tête de cette publication : « Les notes sur les Pontifes ne sont pas de Malachie lui-même, mais du R. P. F. Alphonse Chacon, de l'Ordre des Frères Prêcheurs, interprète de cette prophétie. » (1)

C'est la folle audace d'un tel soupçon qui dépasse les limites de la bonne foi. Aussi, le procès est jugé et la tentative calomnieuse de Weingarten n'a eu aucun écho dans le monde savant.

Depuis les découvertes retentissantes, par les Maï, les Dom Pitra et tant d'autres infatigables chercheurs, de documents oubliés après des centaines et des milliers d'années d'existence, on ne s'étonne plus aujourd'hui qu'un érudit Bénédictin de Mantoue ait pu découvrir dans la vieille bibliothèque de son abbaye de Saint-Benoît ou du Mont-Cassin, un manuscrit du XIIe siècle, dont l'antiquité vénérable et l'authenticité furent contrôlées par le plus grand savant de l'époque, l'illustre Ciacconius.

*

Tout autre a été le sort réservé à l'invention du P. Ménestrier, dont le succès dure encore. Nous voulons parler de l'ingénieuse hypothèse de la fabrication de la prophétie pendant le Conclave de 1590. Aussi devons-nous la signaler et la discuter plus longuement.

---

(1) *Quæ ad Pontifices sunt adjecta non sunt ipsius Malachiæ, sed R. P. F. Alphonsi Ciaconis, ord. Prædicatorum, hujus Prophetiæ interpretis.*

Ce Conclave où fut élu Grégoire XIV, après la mort d'Urbain VII, durait depuis un mois et dix-neuf jours et paraissait sans issue prochaine, lorsqu'un des assistants, dans l'empressement d'en finir, et désireux de faire tomber le choix des votants sur le cardinal Simoncelli, originaire d'Orvieto, aurait imaginé la fameuse prophétie en donnant à son candidat une devise qui pût le désigner comme l'élu du ciel : *De antiquitate urbis*, c'est-à-dire de *Vieille ville* ou d'*Orvieto* (*Urbs vetus*). Malheureusement, ce calembour ne suffit pas pour fixer le choix du Conclave, qui en élut un autre, le cardinal Nicolas Sfondrate de Milan.

Sur quelles preuves, ou plutôt sur quelles présomptions — car il n'y a aucune preuve, — appuyer cette hypothèse ? On va bientôt en juger.

Il est possible, reconnaissons-le, que cette prophétie existât et fût connue dès 1590, soit cinq ans avant la publication de de Wion. Son impression dans un ouvrage en deux vol. in-4° demanda sûrement plusieurs années, et avant son impression, sa communication au célèbre Ciacconius et les commentaires faits par ce savant espagnol, ont pu également demander plusieurs années. Nous avons même pu conjecturer qu'ils étaient terminés en 1590, puisqu'ils s'arrêtent à cette époque.

Sa *communication* au Conclave de 1590 n'est donc pas impossible, mais sa *fabrication* de toutes pièces audit Conclave est une autre question bien différente.

D'abord on ne pouvait improviser à la

légère un tel document. Tous ceux qui l'ont étudié à fond ont été frappés de la variété prodigieuse des connaissances qu'il suppose, non seulement en histoire générale de la Papauté, mais en histoire locale, en géographie, en chronologie, en épigraphie, en science du blason, etc. Les allusions qui y fourmillent à chaque ligne sont encore de véritables rébus pour tous les interprètes improvisés qui ne possèdent pas à un haut degré ces diverses sciences.

Encore une fois, l'improvisation d'un tel document est un véritable non-sens. S'il était l'œuvre d'un faussaire, les quarante-neuf jours du Conclave n'auraient pu suffire à cet immense labeur, qui eût exigé des années de recherches et de méditations profondes. L'inspiration est beaucoup plus facile à concevoir et satisfait bien mieux la raison d'un chrétien, même à cet unique point de vue du temps nécessaire à sa composition, mais ce n'est pas le seul.

Si le faussaire avait voulu favoriser l'élection du cardinal Simoncelli d'Orvieto, comment a-t-il pu inventer une légende si vague et qui pouvait s'appliquer plus exactement à un autre, à un concurrent tel que le cardinal Sfondrate, futur Grégoire XIV ?

En effet, la devise en question : *De antiquitate urbis* signifie littéralement *de l'antiquité ou des anciens de la ville*, et nullement d'une *vieille ville* telle qu'Orvieto. Du reste, il y a tant de villes vieilles et plus vieilles encore qu'Orvieto, que la devise ainsi entendue ne dirait plus rien. Au contraire, entendu dans notre sens, elle pouvait fort bien désigner le cardinal Sfondrate. Il était d'une très noble et très ancienne famille, la plus ancienne peut-être de Milan ; d'une famille de sénateurs, fils de sénateur et sénateur lui-même (*senex*).

En vérité, notre faussaire n'avait guère d'imagination, s'il ne put inventer qu'une légende désignant si peu son candidat et désignant plutôt son concurrent. Quel faussaire maladroit !

Sa maladresse est si grande que Moréri a d'abord pris ce faussaire pour un partisan de Grégoire XIV qu'il confond avec le cardinal Simoncelli d'Orvieto, et ne reconnaît sa méprise que dans un autre article, *au mot cardinal*. C'est bien le cas de répéter que nos adversaires ne s'entendent plus entre eux et que leurs témoignages se contredisent ouvertement : « *Et non erat conveniens testimonium illorum.* » (1)

*

Mais voici qui est une objection plus spécieuse. Toutes les devises avant Grégoire XIV sont facilement ressemblantes, tandis que les suivantes sont obscures, inintelligibles ou inexactes. Donc, c'est bien un faussaire contemporain de Grégoire XIV qui les a fabriquées. Pour les rédiger, il n'a eu qu'à copier plus ou moins bien l'histoire du passé, ce qui était relativement facile ; pour les devises suivantes, il a inventé au hasard, et le hasard est si grand qu'il l'a plus ou moins bien servi.

---

(1) *Marc*, XIV, 59.

Nous reconnaissons volontiers que le fait allégué, s'il était exact, serait une objection décisive, mais c'est ce fait lui-même que nous nions parce qu'il est gravement inexact et même entièrement faux : ce qu'il sera facile de démontrer par une étude moins superficielle du célèbre document.

D'abord, pour les soixante-quatorze Papes ou antipapes antérieurs à Grégoire XIV, depuis Célestin II, si l'ensemble des devises est d'une ressemblance frappante, il en est un bon nombre si peu claires qu'elles ont donné lieu à des interprétations bien différentes. Ainsi, par exemple, les devises d'Alexandre III, d'Honorius III, de Célestin IV, d'Innocent V, de Jean XXI, de Benoît XII, d'Innocent VI, de Pie IV, de Grégoire XIII, de Sixte V, etc., sont expliquées d'une tout autre manière par Moréri ou Vallemont que par Cucherat ou Maître. Ciacconius lui-même, quoiqu'il fût moins éloigné du règne de ces Papes, diverge notablement, et l'on sent en le lisant combien son premier commentaire lui a demandé d'efforts et de travail.

Les devises qui signalent le caractère général ou les événements saillants d'un règne sont facilement connues par l'histoire ; au contraire, celles qui ne font allusion qu'à quelques détails personnels, tels que le lieu de naissance, les origines, la famille, le blason, etc., de tel ou tel Pape, sont beaucoup plus difficiles à interpréter de nos jours, à cause de l'oubli où sont facilement tombés tous ces détails.

Donc, l'opposition que l'on s'est plu à inventer entre la clarté des devises avant Grégoire XIV et l'obscurité des suivantes est imaginaire. En réalité, le même voile mystérieux recouvre également les unes et les autres, et si, après les événements accomplis, ce voile est très souvent soulevé avec un éclat merveilleux, parfois cependant il ne s'efface pas complètement au regard de nos contemporains.

Que si l'on tenait absolument à voir un contraste entre les deux parties de la prophétie, la clarté serait, au contraire, en faveur de la seconde. Depuis Grégoire XIV, les légendes paraissent encore plus faciles à interpréter, et celles des XIXe et XXe siècles sont encore plus belles et plus saisissantes. On dirait que l'œil du prophète a vu les événements d'autant plus clairement qu'ils étaient plus éloignés de son regard dans la suite des âges. Ce qui ruine absolument la fameuse légende de la fabrication de ce document par des contemporains de Grégoire XIV, au Conclave de 1590.

*

Une autre invraisemblance de cette prétendue fabrication se tire du silence de tous les documents contemporains sur l'histoire de ce Conclave, — et c'est là un argument contre lequel ne sauraient protester les hauts critiques contemporains qui se fondent si souvent sur l'absence ou le silence des documents.

En 1617, paraissait à Francfort une histoire très détaillée des trois Conclaves, *Tria Conclavia*, d'Urbain VII, de Grégoire XIV et de Clément VIII. Or, l'auteur qui raconte minutieusement toutes les circonstances de ces trois élections ne fait pas la moindre allusion à l'apparition d'une prophétie qui pourtant aurait dû faire quelque bruit, puisqu'elle serait devenue comme le drapeau d'un parti, celui du cardinal Simoncelli d'Orvieto.

Ce parti lui-même semble bien n'être qu'une légende, car aucune histoire des Conclaves des XVIe et XVIIe siècles ne le mentionne, tandis qu'elle signale les partis des cardinaux Montalto et Madrucci comme « ayant tout mené dans ce Conclave ». Au contraire, le cardinal Simoncelli, déjà très vieux, paraît être effacé, sans influence, et bien peu susceptible d'être élu Pape.

Une si grossière supercherie n'a donc pas la moindre apparence de vérité.

Que si elle avait eu réellement lieu, comment, après son pitoyable échec, n'eût-elle pas été discréditee et ne fût-elle pas devenue l'objet de la risée ou de l'indignation publique ? Comment surtout, eût-elle été ignorée en 1595 dans tout l'Ordre de Saint-Dominique et celui de Saint-Benoît, et par des savants contemporains tels que de Wion et Ciacconius ? Si l'on ne peut les traiter odieusement de faussaires et leurs supérieurs de complices, on ne peut davantage accuser leur ignorance ou leur crédulité.

Encore une fois, tout est absolument invraisemblable dans la légende que nous réfutons ; elle ne s'appuie que sur des arguments négatifs, sur de simples soupçons habilement présentés, et dont le nombre a pu faire illusion, mais chaque partie de cet énorme faisceau analysée séparément est d'une fragilité qui ne résiste pas à une sérieuse critique.

*

Une troisième série d'objections a été tirée des *caractères internes* de ce document, de son style, de ses jeux de mots, et surtout de la prédiction de la fin du monde qui le termine et semblerait prochaine.

Nous glisserons rapidement sur le style : c'est là une question qui ne peut être discutée utilement qu'entre spécialistes. Disons seulement que les métaphores ou images *païennes* qu'on y rencontre parfois, quoique très rarement, ne fixent nullement sa composition à l'époque de la Renaissance, qui mit à la mode le goût de la littérature païenne.

Le moyen âge, tout chrétien qu'il était, ne les a jamais exclues. On voit, par exemple, la mythologie de Virgile occuper une place considérable dans la *Divine Comédie* de Dante. Et, remontant jusqu'aux premiers siècles chrétiens, nous constatons qu'ils n'ont pas hésité à peindre dans les fresques des Catacombes et à représenter Notre-Seigneur sous la figure d'Orphée charmant les bêtes sauvages aux accents de sa lyre.

Ce sont là des symboles empruntés au

paganisme, sans doute, mais ils sont consacrés au service de l'idée chrétienne, tandis que la Renaissance s'éprit d'admiration, non seulement pour les *formes*, mais aussi pour les *idées* païennes.

Or, ce reproche ne peut être adressé aux deux devises prophétiques sur Jules II et Pie IV, si souvent alléguées comme preuve.

La première, *Fructus Jovis juvabit*, désigne sous le nom d'arbre de Jupiter le chêne qui distinguait les armoiries des Rovère et de Jules II. En même temps, par cette image païenne qui ne lui est pas familière, le prophète prédit l'explosion de la Renaissance païenne, qui fut le caractère de cette époque et de ce pontificat lui-même.

La seconde, *Esculapii pharmacum*, fait allusion, par Esculape, le dieu de la médecine, au nom de Pie IV, sorti de la famille *de Médicis*. En outre, elle prédit le grand remède surnaturel et divin que ce Pontife doit appliquer à la maladie envahissante, au XVIe siècle, du protestantisme, par les décrets du Concile de Trente, que Pie IV confirmera et publiera solennellement dans tout le monde chrétien.

Comme on le voit, s'il y a dans les mots de ces deux devises des allusions au paganisme, l'idée en demeure profondément chrétienne, et rien n'y trahit l'époque de la Renaissance.

Bien loin de s'appliquer à parler la

langue raffinée de la Rome païenne, comme on s'en faisait gloire à cette époque, le prophète sacrifie constamment la forme littéraire à l'idée. Son style est d'une brièveté, d'une simplicité, parfois d'une bizarrerie qui surprend. Et cette tendance à faire prédominer l'idée sur la forme est bien celle du moyen âge. C'est encore là une raison de dater ce document du XIIe siècle plutôt que du XVIe.

Après le style, ce sont les jeux de mots que l'on attaque, comme peu dignes de l'inspiration du Saint-Esprit. Mais il y a là une équivoque ou plutôt une ignorance des principes théologiques qu'il nous faut commencer par dévoiler.

L'action prophétique du Saint-Esprit ne consiste pas à dicter des mots ou des phrases au voyant. Pour l'ordinaire, tout au moins, il fait passer sous ses yeux des images ou des séries de tableaux reproduisant ou symbolisant la série des événements à venir, et laisse le voyant libre de les exprimer à son gré, dans la mesure où il les aura compris, et dans la langue et le style les plus conformes à ses habitudes et à son propre génie.

En sorte que, si la découverte des idées vient de Dieu, leur expression vient de l'homme ; c'est là sa part de coopération à l'action divine où se peuvent glisser bien des imperfections de style, et comme « le style c'est l'homme », nous pouvons en conclure bien d'autres imperfections humaines.

Sans doute, Dieu peut ajouter aux lumières prophétiques de la vision son *assistance* dans la rédaction, qui préserve l'écrivain au moins de toute erreur. C'est ce qu'il a fait, comme l'Eglise nous l'enseigne, pour nos saints Evangiles et tous les livres sacrés de la Bible. Mais cette assistance très spéciale n'est nullement nécessaire pour la rédaction des révélations privées. Elles ont aussi un but spécial, dans le plan de la divine Providence, et il suffit que ce but soit atteint.

Ainsi, par exemple, on peut y supposer des erreurs scientifiques ou historiques, tandis qu'on ne peut soupçonner de véritables erreurs dans nos livres inspirés (1).

Ces principes établis, nous n'aurions aucun droit de nous scandaliser si nous découvrions dans la prophétie des Papes, soit des bizarreries de style, soit des jeux de mots risqués, soit même quelques erreurs de détail. C'est là la part de l'homme dans le concours divin, avec la marque indélébile de ses imperfections.

Mais c'est là, de notre part, une pure hypothèse que nous sommes loin d'accorder. En dehors des obscurités profondes dans tels ou tels détails, et ne nuisant nullement à la clarté de l'ensemble — obscurités que nous reconnaissons vo-

---

(1) Voir l'Encyclique *Providentissimus Deus* de S. S. Léon XIII, sur l'étude des Saintes Ecritures (18 nov. 1893) et l'Encyclique aux évêques de France en date du 8 sept. 1899.

lontiers, mais qui sont communes à toutes les prophéties officiellement acceptées par l'Eglise, comme l'Apocalypse de saint Jean, — nous ne découvrons aucun défaut capable de rendre ce document indigne d'être une prophétie.

Tel est aussi l'avis des critiques les plus récents qui en ont fait l'étude la plus consciencieuse et la plus approfondie. Les jeux de mots eux-mêmes ne nous choquent plus, depuis que nous avons découvert, à la suite de M. Maître, le sens figuré et symbolique si profond qu'ils renferment.

Ainsi, pour nous en tenir aux deux que nous venons de signaler, quoi de plus expressif que d'appeler le chêne du blason de Jules II, du surnom d'arbre de Jupiter, pour marquer la renaissance païenne de l'époque et du pontificat ! Quoi de plus saisissant que de rappeler Esculape à propos d'un Médicis, et d'annoncer le grand remède qu'il apporterait du ciel à l'Eglise déjà si malade de la fièvre aiguë et de la plaie envahissante du protestantisme !

Bien loin de trouver ces images inconvenantes, nous les admirons comme vraiment géniales, si elles ne sont inspirées et divines.

❄

Mais ce qui a le plus choqué les adversaires de la prophétie des Papes, ce qui en a rendu quelques-uns irréductibles et irréconciliables, c'est qu'elle ose encore annoncer aux savants modernes la fin du monde comme une catastrophe prochaine.

Et c'est là une objection capitale qu'il nous est impossible de passer sous silence, car elle mérite d'être sérieusement discutée.

On peut dire qu'aucun des savants contemporains faisant autorité ne nie la fin du monde. Tous reconnaissent que le mouvement perpétuel est impossible. Et des astronomes éminents comme Faye (1), ou des géologues de premier ordre comme de Lapparent (2), se sont complus à énumérer les causes multiples du ralentissement quotidien ou séculaire de notre système solaire, et à supputer le nombre de siècles qu'exigera son arrêt complet.

Or, ce nombre de siècles est tellement prodigieux, qu'il confond notre imagination, et qu'annoncer la fin du monde pour un temps prochain n'apparaît désormais qu'une mauvaise plaisanterie.

Plusieurs réponses s'imposent ici. La première, c'est que la fin du monde prédite par les savants est une fin naturelle, qui doit s'opérer par le ralentissement progressif des mouvements cosmiques, et un

---

(1) Faye, *Origine du monde* (2e édit.), p. 306-313 : *Notices* publiées en 1873 et 74 dans l'*Annuaire du bureau des longitudes.*

(2) De Lapparent, *la Destinée de la terre ferme* (Congrès scientif. des cath. 1891, t. VII, p. 289). — Cf. Lange, *Histoire du matérialisme*, II, p. 243-245 ; — Tyndel, *la Chaleur*, p. 418 ; — Farges, *l'Idée de Dieu*, p. 83-99 ; — E. Picard, *la Science moderne et son état actuel*, p. 132.

refroidissement incompatible avec la vie organique. Encore cette fin naturelle fait-elle abstraction des accidents imprévus, comme il s'en produit de nos jours dans les *étoiles à catastrophes* (1).

Celle qui est prophétisée par nos Saints Livres est, au contraire, surnaturelle ; elle sera l'effet d'une volonté spéciale de Dieu, et c'est le feu et non le froid qui en sera l'instrument physique.

La contradiction n'est donc qu'apparente entre la science et la révélation.

Mais l'on insiste pour mettre ladite prophétie en contradiction avec la révélation elle-même. En effet, s'il est une vérité clairement exprimée et souvent redite

---

(1) Ce sont des étoiles dans lesquelles se produit une brusque dislocation de la croute superficielle. La matière intérieure, à l'état d'ignition, s'extravase, comme « celle d'un œuf dont la coquille est brisée », et le feu submerge bientôt tout le globe. Cette subite incandescence de l'étoile n'est que temporaire, et bientôt elle s'éteint par suite d'un nouveau refroidissement de la surface. Après avoir brillé quelque temps, l'étoile disparaît sans retour ou périodiquement. Les étoiles fameuses du Cygne, du Serpentaire, de la Couronne boréale, de Cassiopée, etc., en sont des exemples. (Voir Valson, *la Durée du monde actuel*, dans la *Controverse* et le *Contemporain*, t. XII, p. 501, 15 avril 1888.) — Quant à une catastrophe imprévue provenant de la rencontre de la terre avec une comète ou quelque autre corps sidéral, fluide ou solide, visible ou invisible, quoique peu probable, elle ne paraît pas impossible. (Voir de Kirwan, *Comment peut finir l'univers*, chez Bloud et Barral.)

dans nos Saints Livres, c'est bien que la date exacte de la catastrophe finale qui précédera le jugement dernier a été cachée aux hommes, et que Notre-Seigneur lui-même a refusé de la révéler à ses apôtres.

« Il ne vous appartient pas, leur répondil, de connaître l'époque et le moment que Dieu le Père a réservés dans sa puissance. » (1) « Ce jour et cette heure, personne n'en sait rien, pas même les anges des cieux ; seul, mon Père les connaît. » (2) Et saint Paul de répéter : « Inutile que vous sachiez le temps et le moment de ce jour du Seigneur. » (3)

La seule chose que notre divin Sauveur ait jugé opportun de nous révéler sur ce sujet, ce sont les signes avant-coureurs de la fin du monde et du jugement dernier et la nécessité de nous tenir toujours prêts, car le Fils de l'homme viendra à l'improviste et comme « un voleur pendant la nuit » (4), qui surprend ceux qui ne se tiennent pas toujours sur leur garde. L'avenir doit donc pour nous rester un mystère: tel est le plan nettement affirmé de la Sagesse divine.

Or, nous dit-on, la prophétie des Papes viendrait contredire ce plan. En nous révélant le nombre des Pontifes qui doivent

---

(1) *Act.* I, 7.
(2) *Matth.* XXIV, 36 ; *Marc,* XIII, 32.
(3) *I Thess.* V, 1.
(4) *Sicut fur, in nocte, ita veniet.* (*I Thess.* V, 12. — *II Petr.* III, 10.)

encore se succéder jusqu'à la fin des temps, elle nous permettrait de calculer très vraisemblablement l'époque de la fin du monde.

Ainsi, après Benoît XV, actuellement régnant, il ne resterait plus que sept autres pontificats avant le dernier où aura lieu la catastrophe, et en leur supposant une durée moyenne de vingt ans au plus, cette date fatale devait se placer sûrement avant un siècle et demi.

Telle est bien l'objection : nous n'avons rien caché de sa force. Et nous convenons volontiers qu'une prophétie nous annonçant la fin du monde d'ici à cent cinquante ans, — sans être radicalement impossible à la toute-puissance de Dieu, — serait de la plus haute invraisemblance et légitimerait la condamnation formelle portée par divers Conciles, notamment par le Ve Concile de Latran sous Léon X, en 1516, de toutes les prophéties nouvelles annonçant l'époque de l'antéchrist et le jour certain du jugement dernier : « *Tempus præfixum antichristi, vel diem certum judicii.* »

Et cependant, la prophétie des Papes, — nous l'avons dit — n'a point été condamnée : c'est déjà une grave présomption qu'elle ne fait point une telle annonce, quoique ses nombreux commentateurs — à peu près unanimement — se soient complu à l'interpréter dans ce sens. Il nous suffira de la relire attentivement pour distinguer nettement ce qu'elle dit de ce qu'on lui fait dire par des additions très hypothétiques et tendancieuses.

Après l'énumération des cent onze premiers papes (depuis Célestin II), par autant de formules prophétiques très brèves et très sèches — deux ou trois mots en moyenne pour chacun, — le voyant s'arrête, et changeant tout à coup de langage et de style, laissant de côté toute image et tout symbole mystérieux, il décrit dans une longue phrase de vingt-cinq mots ce qui doit arriver à la fin des temps, mais il ne dit nullement que cette fin des temps doive suivre immédiatement le cent onzième Pape : il laisse au contraire cette date dans l'ombre la plus mystérieuse et la plus orthodoxe.

Voici ses paroles textuelles : « *Lors de la persécution finale* (quand ?) de la sainte Eglise romaine, siégera Pierre Romain qui conduira le bercail au milieu de nombreuses tribulations ; *lorsque celles-ci seront terminées* (quand ?), la Cité aux sept collines sera détruite et le Juge redoutable jugera son peuple. » (1)

Ce brusque changement de ton et de langage — reconnu par tous les interprètes sans exception — est un fait remarquable qui, bien loin de lier ce qui précède à ce qui suit, impose plutôt une coupure.

On pourrait croire que le prophète a eu

---

(1) *In persecutione extrema, Sacræ Romanæ Ecclesiæ sedebit Petrus Romanus qui pascet oves in multis tribulationibus; quibus transactis, civitas septicollis diruetur ; et Judex tremendus judicabit populum.*

deux visions. La première, une vue partielle sur l'immensité des temps à venir, peut-être sur un espace de mille ans, où il a compté et décrit les cent onze Papes. Puis un second tableau est passé sous ses yeux, celui des persécutions dernières liées à la fin du monde, où le dernier Pape, Pierre Romain, doit clôturer la liste des Souverains Pontifes, en clôturant aussi les âges du monde actuel.

Mais comment les deux tableaux et les deux âges décrits sont-ils reliés ? C'est ce que le prophète ne dit pas, c'est ce qu'il ne laisse même pas soupçonner, tant ses paroles sont vagues, parce qu'il ne nous appartient pas — comme le divin Sauveur nous en a avertis — de connaître l'époque et le jour de son avènement dernier: c'est le secret de Dieu.

Ainsi se trouve réconciliée ladite prophétie avec l'orthodoxie la plus rigoureuse.

Et que l'on n'objecte pas, comme le fait M. Maître, qu'il est impossible de séparer les deux tableaux, qu'ils doivent se suivre immédiatement, sinon la prophétie n'aurait aucun sens, *tout son but étant de préparer les hommes à la fin du monde et au jugement dernier* (1).

En vérité, si ce but de préparation au jugement avait été visé par le prophète,

---

(1) Cf. MAITRE, *La prophétie des Papes*, p. 281, 650, etc.

il eût été bien mal atteint. Nous aimons mieux croire qu'il a eu pour but, en écrivant huit siècles à l'avance, une synthèse abrégée de la vie de l'Eglise, résumée dans son chef, de donner aux hommes de bonne foi, qui tôt ou tard devaient être frappés par l'étonnante réalisation de ses devises prophétiques, une nouvelle preuve de l'existence du surnaturel et de l'action de la divine Providence en ce monde. Rien de plus utile, en nos temps si troublés, qu'une telle démonstration, pour fortifier notre foi et nous inspirer au milieu des épreuves courage et confiance.

Ce but suffit sans qu'il soit nécessaire d'établir, comme le fait M. Maître, un parallèle et un lien très étroit entre cette prophétie et celle de l'Apocalypse sur la fin du monde. Un tel parallèle ne se fonderait que sur des interprétations hypothétiques du véritable sens de la vision de Pathmos, et soulèverait des controverses inextricables où nous nous garderons bien d'entrer.

*

En résumé, nous n'avons rencontré dans l'énorme masse des objections faites contre la prophétie des Papes, aucune difficulté qui soit vraiment sérieuse et ne puisse se résoudre aisément, aucune qui soit appuyée sur un document solide. La plupart d'entre elles ne sont que des soupçons ou des procès de tendance. Pas une seule qui démontre que ce vénérable document soit l'œuvre d'un faussaire ou soit indigne d'être considérée comme une véritable prophétie.

La question se ramène donc en dernière analyse à une question historique. Oui ou non, les devises prophétiques se sont-elles réalisées au cours des siècles ? Le fait de leur réalisation est assurément la véritable pierre de touche où s'expérimente la vérité de toutes les prophéties.

C'est ce qu'il nous reste à examiner aussi brièvement que possible.

III

La réalisation de la prophétie

Pour abréger, nous laisserons de côté les soixante-quatorze Papes (ou antipapes) apparus depuis Célestin II, en 1143, jusqu'à Grégoire XIV, en 1590.

Aussi bien cette vérification est-elle inutile pour deux raisons. La première, c'est que nos adversaires eux-mêmes nous l'accordent comme déjà faite, puisqu'ils s'appuient précisément sur cette concordance étonnante pour soupçonner qu'elle n'a pu être établie qu'après les événements accomplis, par un faussaire, en 1590.

La seconde, c'est qu'indirectement nous aurons prouvé la valeur prophétique de la première partie en démontrant celle de la seconde partie puisque, de l'aveu de tous, elles ont le même auteur et sont une même prophétie.

Mais avant d'aborder cette vérification, il importe de bien comprendre quel est le langage du prophète et quels sont ses procédés. Or l'analyse, soit des soixante-quatorze premières devises, soit des suivantes jusqu'à nos jours, nous montre clairement que d'ordinaire ses brèves formules ont deux sens : un sens matériel ou littéral et un sens spirituel ou figuré.

Le premier fait allusion à quelque détail personnel de chaque Pape, à son nom, à son origine, à son blason, etc. Le second fait allusion à la vie même de l'Eglise, soit à quelque événement important, soit à la note caractéristique de chaque époque ou de chaque pontificat. On voit combien ce second sens, que l'on oublie trop facilement dans les commentaires, est au contraire le plus important, puisqu'il agrandit magnifiquement les horizons du premier.

Cependant, le prophète s'en tient au premier sens pour les pontificats très courts ou sans grande portée historique ; au contraire, il s'en tient au second pour les pontificats les plus mouvementés de l'histoire ou suffisamment désignés par quelque événement tragique ou des plus mémorables.

Avertissons aussi, avant d'aborder cette épreuve de vérification, que nous ne prétendons pas donner à chaque devise un sens unique et exclusif. Plusieurs d'entre elles ont suscité des explications diverses également plausibles. Nous nous bornerons, pour ne pas entrer dans des controverses sans fin, à donner l'explication qui nous paraît la plus simple et la plus vraisemblable, renvoyant pour plus de détails historiques au savant ouvrage de M. Maître.

❉

La première des trente devises postérieures à 1590 jusqu'à nos jours est celle qui désigne Grégoire XIV par ces simples mots : *De antiquitate urbis.* Le cardinal Nicolas Sfondrate était originaire d'une très ancienne famille de la ville de Milan, fils de sénateur (*senex*) et sénateur lui-même au moment où il quitta le monde pour l'état ecclésiastique. Son règne se signala par son amour des antiquités chrétiennes de Rome et ses projets de restauration. Malheureusement, il fut trop court pour qu'ils aient pu être poussés bien loin.

Grégoire XIV se montra aussi comme Pape, l'*Ancien de la Ville éternelle,* soutenant, contre Henri IV et les protestants *novateurs,* la politique de Sixte-Quint pour préserver la France de l'hérésie. Tel était le sens figuré de la devise : Lutte de l'antique tradition catholique contre les nouveautés protestantes.

La deuxième devise est celle d'Innocent IX (1591) : *Pia civitas in bello : La pieuse cité en guerre.* Le cardinal Facchinetti était, en effet, originaire de la cité de Bologne, que sa piété pour le Saint-Siège porta toujours à mettre ses armes à son service et qui soutint avec lui la lutte contre les protestants de France. Ses soldats avaient pour insigne les deux clés pontificales brodées sur l'épaule. On peut ajouter que c'est cet illustre citoyen de Bologne qui, étant nonce à Venise, conclut l'alliance qui avait eu pour résultat la célèbre victoire de Lépante en 1571.

La troisième devise, celle de Clément VIII (1592-1605), *Crux romulea : la Croix romaine*, fait allusion aux armoiries des Aldobrandini qui se glorifiaient de descendre du premier Romain converti à la foi chrétienne.

Mais ce n'est là pour le prophète qu'une occasion ou qu'un prétexte pour prédire que ce pontificat serait caractérisé par les succès magnifiques de la Croix et de la foi romaine dans l'Europe entière, notamment en France par l'abjuration d'Henri IV, qui fut un véritable triomphe de la Croix romaine, après les douloureuses scissions causées par l'hérésie.

La devise suivante de Léon XI (1605) est extrêmement frappante : *Undosus vir : L'homme semblable à une onde*. On sait que, dans le langage des Saintes Ecritures, l'onde qui coule est le symbole de la brièveté du temps. Or, Léon XI mourut quelques jours seulement après son élévation au trône pontifical des suites d'un refroidissement. Ainsi s'écoula trop vite un pontificat plein de promesses.

On a voulu voir dans la devise de Paul V (1605-1621) : *Gens perversa : La gent perverse*, une allusion au blason des Borghèse qui représente un aigle et un dragon. Nous aimons mieux n'y voir que la caractéristique de ce pontificat marqué par les agissements redoutables de la *secte protestante*.

Ses membres se constituent ouvertement en parti politique et religieux, et sous le nom d'*Union* forment des groupements puissants où l'esprit de révolte armera bientôt les bras pour les guerres de religion, dans l'Europe entière. En présence de ce mouvement qui se généralise et se coordonne partout, on comprend la douloureuse apostrophe du prophète : *Gens perversa !*

Le règne de Grégoire XV (1621-1623) fut un grand règne ; aussi le prophète se contente pour caractériser un pontificat si agité et si glorieux d'une formule où les angoisses de la tribulation et les douceurs de la paix reconquise se trouvent très heureusement associées : *In tribulatione pacis: Dans la tribulation de la paix.* Ces succès de la politique pontificale, et les changements heureux qu'ils amenèrent dans la situation de l'Eglise furent d'autant plus remarquables que ce règne ne dura que deux ans.

Après lui, vint celui beaucoup plus long d'Urbain VIII (1623-1644) : *Lilium et rosa : Le lis et la rose.* C'est une allusion au blason d'Urbain IV, dont il avait voulu prendre le nom ; surtout une allusion à l'union imprévue du lis de la France catholique avec les roses de l'Angleterre protestante, par le mariage du prince de Galles avec Henriette-Marie de France. Cette alliance préparée par Richelieu pour l'abaissement de la maison d'Autriche, inaugurait une politique nouvelle qui changeait complètement la direction des luttes religieuses en Europe.

Ce pontificat vit aussi fleurir les lis et

les roses de l'innocence et de la piété dans les monastères réformés et dans le clergé renouvelé par l'institution des Grands et des Petits Séminaires : œuvres éclatantes qui remplissent le XVIIe siècle, et produisent une merveilleuse efflorescence de saints et de saintes.

Innocent X fut élu le jour de l'Exaltation de la Sainte Croix, d'où l'occasion de sa devise : *Jucunditas Crucis : Les joies de la Croix.* Mais elle convient aussi au caractère de ce Pape qui opposa à la vie retirée d'Urbain VIII une vertu d'une humeur plus gaie et plus aimable. Elle justifie surtout les foudres dont s'arma le nouveau pape pour condamner le rigorisme outré du jansénisme. A ses théories tristes et désolantes, il opposa les joies de la Croix : *Jucunditas Crucis.* Ce fut l'événement capital de son pontificat.

La devise d'Alexandre VII (1655-1667) : *Montium custos : Le gardien des montagnes,* fait allusion aux armes des Chigi portant six montagnes dominées par l'étoile du berger. Les adversaires eux-mêmes de la prophétie en admirent ici la justesse étonnante. De fait, Alexandre VII s'est toujours montré, même dans les circonstances les plus délicates, comme son démêlé avec Louis XIV dans l'affaire des Corses, le gardien vigilant du troupeau confié à ses soins.

Au Conclave où Clément IX (1667-1669) fut élu, le sort lui avait désigné comme cellule la *chambre des Cygnes,* ainsi appelée d'une peinture qui représentait des cygnes. Cette coïncidence parut alors un présage qu'il serait l'astre si mystérieusement promis par la prophétie : *Sidus olorum: L'astre des cygnes.* C'est ce qui se réalisa.

Mais ce n'était là qu'un symbole. Le cygne est l'oiseau des poètes et l'emblème de la poésie : aussi appelons-nous Virgile le cygne de Mantoue et Fénelon le cygne de Cambrai. Or, Clément IX fut remarquable par son génie poétique et par la faveur dont il sut entourer les poètes. Il a montré une fois de plus que l'art trouve sa plus haute inspiration dans la foi et la charité chrétiennes.

Clément X (1670-1676) était né à Rome, près du Tibre, au moment d'une grande inondation. Il portait aussi dans le blason des Altieri la Voie lactée dite en latin *magnum flumen.* C'est la justification de la devise prophétique : *De flumine magno : Du grand fleuve.* Aussi dans les fêtes de son élection cette devise figura solennellement dans les arcs de triomphe. Les grandes eaux font aussi allusion, d'après le langage biblique, aux tribulations que la fin du XVIIe siècle réservait à Clément X et à ses successeurs.

Innocent XI (1676-1689), de la famille des Odescalchi, portait dans ses armes deux bêtes féroces; c'est peut-être à cela que fait allusion la devise : ***Bellua insatiabilis : La bête insatiable.*** Mais nous aimons mieux nous en tenir au sens figuré. Cette bête insatiable, ce sont les Turcs qui, s'étant déjà relevés de leur défaite à Lépante, menaçaient de nouveau la chrétienté et étaient arrivés jusque sous les murs de Vienne. Innocent XI, en face du danger commun, noua l'alliance de l'empereur Léopold avec le roi de Pologne Sobieski, qui repoussèrent définitivement les Turcs, le 12 septembre 1683.

La bête insatiable pourrait aussi symboliser le gallicanisme sous Louis XIV, avec ses empiétements incessants du pouvoir temporel sur le pouvoir spirituel. Le pontificat d'Innocent XI en fut particulièrement affligé : affaire de la Régale, déclaration du clergé en 1682, l'affaire des franchises, de la nomination des évêques, du comtat d'Avignon, etc.

Il était réservé à son successeur Alexandre VIII (1689-1691) de porter le grand coup à cette bête insatiable du gallicanisme. Il obtint de Louis XIV un premier acte de réparation, le 31 octobre 1689. Puis, en 1693, vint la rétractation complète de Louis XIV et des évêques gallicans, dont le mérite revient à Alexandre VIII, quoiqu'elle n'ait eu lieu qu'après la mort de ce Pape. Or, ce repentir fut sûrement méritoire pour l'orgueil de Louis XIV, et sa soumission glorieuse pour lui comme pour le Saint-Siège. D'où la devise frappante de *Pænitentia gloriosa* : *Pénitence glorieuse*, que lui a donnée le prophète.

Innocent XII (1691-1700) a pour devise : *Rastrum in porta* : *Le râteau à la porte*, parce qu'il était de la famille Pignatelli *del Rastello* à la porte de Naples. Son blason portait alors le *râteau en chef*. Symbole aussi de ce XVIIIe siècle au seuil duquel on allait entrer. Siècle niveleur où fomenteront les théories égalitaires de la philosophie indépendante et athée, qui conduiront tout droit à la grande Révolution.

Clément XI (1700-1721) était originaire de la ville d'Urbin, qui avait dans ses armes une couronne de fleurs : *Flores circumdati : Des fleurs partout.* Allusion prophétique à la jeunesse, aux talents littéraires et artistiques, aux vertus et à la piété de ce nouveau Pontife, qui fit l'admiration de tous, même des protestants et des infidèles. Allusion aussi à la couronne des gloires artistiques et littéraires dont il sut s'entourer.

La famille d'Innocent XIII (1721-1724) a donné à l'Eglise au moins neuf Papes, qui comptent parmi les plus intrépides défenseurs de la religion. Comme tous ses prédécesseurs, le nouveau Pape continua les religieuses traditions de sa race ; aussi mérite-t-il la devise : *De bona religione : De la bonne religion.* Il fut l'adversaire implacable du jansénisme, et la bonté paternelle de son gouvernement, quoiqu'il ait été bien court, a laissé un souvenir impérissable dans le cœur des Romains.

La devise de Benoît XIII (1724-1730) est *Miles in bello: Le soldat en guerre.* C'est lui qui canonisa ce grand lutteur qui s'appela Grégoire VII (1), et qui imposa ces fameuses

(1) On sait que ce grand et saint Pape lutta contre Henri IV de Franconie, dans la *Querelle des Investitures,* et affranchit l'Eglise (1073-1085).

leçons à l'office de ce saint, qui soulevèrent les Parlements de France et dont se scandalisèrent les évêques gallicans. Mais il tint bon, et par sa courageuse attitude mérita d'être le soldat du Christ, *Miles in bello*, dans ce redoutable assaut contre l'autorité et l'indépendance du pouvoir spirituel.

Le pape Clément XII (1730-1740), désigné par *Columna excelsa : La colonne élevée*, se distingua, sans doute, par son amour de l'architecture, et les nombreuses colonnes où colonnades qu'il fit élever, mais il fut lui-même la colonne de vérité, colonne inébranlable, élevée en face de l'impiété du XVIIIe siècle, en face de Voltaire et des encyclopédistes, en face de la secte maçonnique, qui reçut de lui sa première condamnation par la Bulle *In eminenti*, du 28 avril 1737. Avec lui commence la succession de ces grands Papes des deux derniers siècles, qui, semblables à de fermes colonnes, dominent les ruines et les bouleversements des révolutions.

La devise de Benoît XIV (1740-1758), *Animal rural : L'animal des champs*, a donné lieu à deux interprétations différentes. Ou il s'agit du *bœuf*, l'animal qui prépare de riches moissons, et l'allusion viserait le labeur incessant de ce Pape et ses œuvres qui remplissent plus de seize in-folios ; — ou bien de l'*animal sauvage*, et ce serait une allusion à cette époque où les hommes, oublieux de leur état surnaturel, se soustraient de plus en plus à la civilisation chrétienne, par l'impiété et le philosophisme du XVIIIe siècle, pour s'abaisser jusqu'à la vie animale, si voisine de la bête sauvage. La grande Révolution va la déchaîner bientôt, mais comme on l'a déjà dit, elle était déjà faite dans les idées depuis longtemps, lorsqu'elle éclata dans les faits.

La rose de l'Ombrie: Rosa Umbriæ, est la devise de Clément XIII (1758-1769) parce que ce Pape avait été gouverneur de Rietti dans l'Ombrie, dont la rose est le symbole. La rose figure aussi les vertus aimables et la tendre piété qui distinguaient sa personne, et l'avaient fait comparer par Clément XII à « la plus belle fleur du Sacré Collège ». La rose était aussi le gracieux emblème de l'Ordre de Saint-François, favori de Clément XIII, qui canonisera un si grand nombre de Franciscains.

L'Ursus velox : L'Ours qui s'approche d'un pas rapide, prêt à tout dévorer, convient admirablement au fait capital du pontificat de Clément XIV (1769-1774). C'est la grande Révolution qui s'annonce et dont le pontificat suivant, celui de Pie VI, sera à la fois le témoin et la victime. Ce sens allégorique complète et transfigure l'allusion au blason des Ganganelli qui portait comme insigne un *Ours à la course* (1).

Pie VI (1774-1800) *Pereginus aposto-*

---

(1) « L'ours est bien la plus juste personnification de la Révolution. Le lion est trop majestueux ; l'ours est laid autant que cruel. » (CUCHERAT, *La prophétie de la succession des Papes*, p. 224.)

licus : Le voyageur apostolique, mérita cette dénomination en deux circonstances solennelles. Le zélé pontife, malgré son grand âge, fit le voyage de Vienne (22 février 1782), pour défendre la liberté de l'Eglise contre les entreprises de Joseph II et du joséphisme.

Puis, le 20 février 1798, il fut violemment enlevé de Rome par les armées du Directoire, traîné de ville en ville comme un étranger, jusqu'à Valence, où il mourut dans l'exil, martyr des fureurs de la Révolution. Ce fut le premier exemple depuis saint Grégoire VII (1073-1085) d'un Pape mort en exil.

L'aigle ravisseur : Aquila rapax est le symbole admirable qui désigne de la manière la plus saisissante le grand fait historique du pontificat de Pie VII (1800-1823). L'aigle impériale aux serres puissantes que Napoléon Ier donna comme enseigne à ses armées, non seulement ravit à Pie VII ses Etats de l'Eglise, mais enleva sacrilègement de Rome le Pontife lui-même et le traîna captif à Savone puis à Fontainebleau, pour essayer d'empiéter sur le pouvoir spirituel.

La devise de Léon XII (1823-1829), *Canis et coluber : Le chien et le serpent,* a été diversement interprétée. Il semble que le prophète ait voulu comparer le nouveau Pontife au chien vigilant qui défend l'Eglise contre le serpent infernal. On connaît la belle attitude de ce fidèle gardien en face du serpent. Or, le serpent venimeux ici désigné, le seul animal maudit de la création, figure l'athéisme poursuivant dans l'ombre son travail de destruction, s'insinuant dans les Sociétés secrètes sous le masque nouveau du faux libéralisme. C'est contre elles que Léon XII a lancé ses foudres, peu de temps après son élection. Il avait vu juste, car toutes les luttes actuelles contre l'Eglise dérivent des plans de « laïcisation » déjà élaborés dans les Loges maçonniques.

La brièveté du pontificat de Pie VIII (1829-1830) semblait rendre difficile le choix d'un emblème frappant, et, cependant, le prophète a trouvé juste en choisissant : *Vir religiosus : L'homme religieux.* Allusion non seulement au caractère profondément religieux de sa famille qui avait déjà donné à l'Eglise un saint Pape, Célestin IV, mais encore à la personne même du nouveau Pape, et à l'acte principal de son règne qui fut la condamnation de l'indifférence en matière de religion, par une Encyclique fameuse.

La devise suivante ne pouvait désigner avec une précision plus étonnante Grégoire XVI (1831-1846) : *De Balneis Etruria; De Balnès en Etrurie.* Le nouveau Pape, en effet, était de l'Ordre des Camaldules, dont le berceau est Balnès en Etrurie. Sur le trône pontifical, il garda non seulement le blason des Camaldules de Balnès, mais surtout les vertus austères et l'amour éclairé de la science qui distinguent les disciples de saint Benoît.

Encore plus éloquente la devise de Pie IX (1846-1878) : *Crux de Cruce : La Croix venant de la Croix.* Ici, comme dans toutes les précédentes annonces, la Croix signifie une terrible épreuve. L'histoire en a précisé la nature : c'est la ruine et la destruction du pouvoir temporel. Or, cette épreuve suprême pour la Papauté devait venir de la Croix de Savoie, c'est-à-dire de cette famille régnante qui porte dans ses armes la croix blanche de Savoie. Peut-on trouver une image prophétique plus transparente !

La devise de Léon XIII (1878-1903) est toute lumineuse : *Lumen in cœlo : Une lumière dans le ciel.* Elle désigne non seulement cet astre radieux qui se lève dans le blason du cardinal Pecci, mais surtout ces immortelles Encycliques qu'aucun autre Pape n'a jamais égalées ni par le nombre, ni par les variétés des sujets, ni par la hauteur et la profondeur des vues, ni par leur influence immense sur les idées philosophiques et sociales de notre époque. C'est vraiment la lumière jetée à profusion sur la terre au moment où commence l'éclosion d'un monde nouveau.

Le pontificat trop court de Pie X (1903-1914) : *Ignis ardens : Un feu brûlant,* aura vu avec le zèle ardent d'un saint Pape, l'explosion de la conflagration européenne qui embrasera bientôt, sous son successeur, le monde entier.

Enfin, c'est le Pape actuellement régnant, Benoît XV, qui devait voir les suites lamentables de cette épouvantable catastrophe, résumées dans cette tragique devise, *La chrétienté dépeuplée : Religio depopulata.* Les guerres les plus meurtrières de l'histoire ne sont plus rien en comparaison de celle qui compte ses morts et ses mutilés par dizaines de millions ! Impossible d'imaginer une formule prophétique plus rigoureusement vraie ni plus saisissante : *Religio depopulata !*

Dans cette immense galerie de portraits trop rapidement passés sous nos yeux, impossible de ne pas reconnaître tous les personnages, au moins par le trait le plus saillant de leur personne ou de leur pontificat.

Conclusion

Il semblerait que formuler une conclusion soit chose inutile après l'éloquence de tels faits si exactement annoncés au moins depuis plus de trois siècles. Le lecteur a déjà conclu lui-même que le hasard ne suffit pas à expliquer des coïncidences si nombreuses et si frappantes.

Et ce n'est pas seulement le nombre des coïncidences des devises avec les événements que le hasard n'explique pas, mais encore plusieurs autres circonstances qu'il nous faut mettre en relief.

1° *L'ordre de succession* des Papes sur le siège de Pierre est prophétisé avec une rigoureuse exactitude vraiment étonnante. Impossible de changer l'ordre des devises sans mutiler la prophétie et la défigurer, car aucun des symboles ne saurait convenir à un Pape antérieur ou postérieur, et ne peut désigner que celui auquel il s'applique. Chacun est à sa date, à sa place et à son rang.

2° *Le nombre total* des Papes annoncés est d'une rigueur mathématique qui n'est pas moins surprenante. Le prophète a poussé l'exactitude jusqu'à nommer des antipapes, sans les confondre toutefois avec les Papes légitimes, car il a soin de les désigner avec une épithète fâcheuse et même avec la mention de schisme comme pour Nicolas V et Clément VIII.

3° Enfin, c'est la précision de certains *détails* parfois insignifiants en eux-mêmes et d'autant plus difficiles à deviner à l'avance, comme tel ou tel détail des armoiries, tel ou tel détail sur la famille ou le lieu d'origine. Encore plus impossible à prévoir le rapport symbolique de ces détails avec la note caractéristique du pontificat annoncé ou de son époque. Cette liaison du sens matériel avec le sens spirituel et figuré, que nous avons plusieurs fois soulignée dans nos commentaires, avec surprise et admiration, dépasse évidemment la portée du génie humain.

Une telle prophétie n'est donc pas attribuable à un faussaire ou à un mauvais plaisant, serait-il un homme de génie.

Encore moins attribuable au pur hasard. S'il était capable de produire de telles merveilles, que serait-ce donc que le hasard ? Avouons que ce n'est là qu'un mot pour marquer notre ignorance, nullement une explication raisonnable et capable de nous satisfaire.

Il ne faut donc pas nous étonner de voir

la critique contemporaine reprendre l'étude de la prophétie des Papes avec plus de sérieux et de bienveillance. Le temps des moqueries et des rires est passé. Il était facile à des esprits superficiels s'en tenant au mot à mot du sens matériel de n'y trouver que des jeux de mots bizarres, plus ou moins risqués, et indignes de la gravité du sujet. Il leur était encore plus facile, en confondant le texte de la prophétie avec celui de certains commentateurs plus ou moins bienveillants, de lui attribuer des erreurs ou des futilités dont elle n'est pas responsable.

Aujourd'hui, on ne raille plus, on s'étonne et l'on admire. Plus les pontificats, en se succédant, surtout depuis un siècle, réalisent avec éclat leur légende prophétique, plus les esprits sérieux s'inclinent avec vénération devant un si mystérieux document.

Aux incrédules de bonne foi, il devient chaque jour une preuve plus évidente que la Providence a tout prévu, tout réglé à l'avance, et que nous sommes entre les mains du Maître qui nous a dit : Confiance, c'est moi qui ai vaincu le monde; *Confidite, ego vici mundum.*

C'est la leçon morale de cette célèbre prophétie : consolation au milieu des épreuves toujours providentielles, courage et confiance !...

❋

Terminons en transcrivant sans commentaires — car les commentaires faits à l'avance ont toujours pitoyablement échoué — les indications de la prophétie sur les successeurs encore inconnus de Benoît XV :

1° *Fides intrepida* : La foi intrépide.

2° *Pastor angelicus* : Le pasteur angélique.

3° *Pastor et nauta* : Pasteur et pilote.

4° *Flos florum* : La fleur des fleurs.

5° *De medietate lunæ* : De la moitié de la lune.

6° *De labore solis* : Le travail du soleil.

7° *De gloria olivæ* : La gloire de l'olivier.

Ce n'est que lors de la persécution finale que siégera un dernier Pape : *Petrus Romanus*, Pierre Romain. *In persecutione extrema Sacræ Romanæ Ecclesiæ, sedebit Petrus Romanus, qui pascet oves in multis tribulationibus, quibus transactio, civitas septicollis diruetur, et judex tremendus judicabit populum.* Alors seulement viendra la destruction de la ville aux sept collines et la fin du monde.

Mais ce jour et cette heure redoutables du jugement, nous continuerons à l'ignorer ; c'est le secret de Dieu !

83-20. — Imp. P. Feron-Vrau, 3 et 5, rue Bayard, Paris-8e.

www.ingramcontent.com/pod-product-compliance
Ingram Content Group UK Ltd.
Pitfield, Milton Keynes, MK11 3LW, UK
UKHW021643260726
13994UKWH00003B/1245

9 782329 171494